失敗から学ぶ[実務講座シリーズ]04

社労士が見つけた！
本当は怖い 解雇・退職・休職実務の 失敗事例 55

東峰書房

[はじめに]

　本書のタイトルをご覧いただき「ドキッ」として思わず手に取り、このページを読んでいただいている経営者の方、人事労務担当の方も多いかと存じます。特に「解雇」は、経営の、人生の一大事。進んでそれをしたいとお考えになる方はおそらく一人もいないはずです。しかし経営は現実との闘いであることもまた事実。避けて通れぬ道になってしまうこともあります。

　解雇の問題は、近年、労働組合が主体的に関与する集団的な労使対立から、裁判所を介在させる個別の訴訟対応へと姿を変えつつあります。これには労働者サイドの組合加入率低下や、雇用者サイドの集団的整理解雇から個別解雇への統計的変遷等の社会的背景があると考えられます。いずれにせよ、解雇をめぐる諸問題はいよいよ個別性を色濃くし、企業は多岐にわたるケーススタディを求められるというのが現実です。

　そこで「失敗から学ぶ[実務講座シリーズ]04」では「解雇」「退職」「休職」を扱うことにしました。「失敗から学ぶ[実務講座シリーズ]」は読者の方々が短時間で、印象的に、効率的に、必要な知識だけをストレートにインプットできるように、通常の実務書とは逆順で解説した、いわば「逆転のケーススタディ」で構成されています。例えば通常の実務書が「この法律はAだからB、Bなので実務の場面で

はC、Dだと失敗するので要注意」というように構成されているのに対して、本書は読者の方々にとって重要かつ印象的な失敗事例Dから話をはじめています。

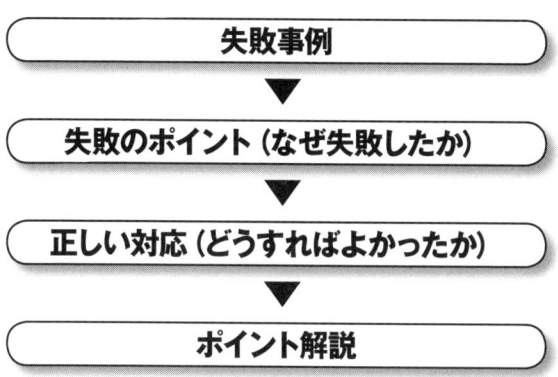

今回のテーマ「解雇」「退職」「休職」も、この「逆転のケーススタディ」がマッチし、読みやすい良書になったと自負しております。

本書に収めた失敗事例は、問題発生時の対処に加え、就業規則をはじめとする労使間合意の内容が深くかかわっています。これらはタイムマシンでもない限り過去に遡って修正することはできません。本書の失敗事例を念頭におくことで、事前の準備、環境の整備にもお役立ていただければ幸甚です。

辻・本郷税理士法人HR室
室長　佐藤真知子

目次

社労士が見つけた!
本当は怖い解雇・退職・休職実務の失敗事例55

はじめに	2
〈事例01〉 解雇の種類	8
〈事例02〉 就業規則に基づかない解雇	13
〈事例03〉 周知していない就業規則に基づく解雇	19
〈事例04〉 能力不足による解雇	22
〈事例05〉 飲酒運転による即日解雇	26
〈事例06〉 自己破産による懲戒解雇	30
〈事例07〉 転勤に従わない従業員への懲戒解雇	34
〈事例08〉 整理解雇	37
〈事例09〉 退職勧奨	42
〈事例10〉 全員解雇して再雇用する	46
〈事例11〉 育児休業中の従業員の解雇	51
〈事例12〉 産前産後休業中の解雇	56
〈事例13〉 試用期間中の解雇	60
〈事例14〉 解雇予告手当狙い	63

〈事例15〉	パート社員の雇い止め	66
〈事例16〉	懲戒解雇による退職金の不払い	69
〈事例17〉	契約期間中の解雇	72
〈事例18〉	連絡がとれなくなった従業員の解雇	75
〈事例19〉	休職から復帰できない従業員の解雇	79
〈事例20〉	解雇の撤回	83
〈事例21〉	解雇予告の取り消し	88
〈事例22〉	諭旨解雇の勧告をしたのに退職しない	90
〈事例23〉	懲戒処分決定までの自宅待機	95
〈事例24〉	始末書を提出しない従業員への懲戒	99
〈事例25〉	10万円の賃金カット	104
〈事例26〉	遅刻2回で欠勤1日とする定め	109
〈事例27〉	派遣社員への懲戒処分	114
〈事例28〉	退職理由の見解が異なる	117
〈事例29〉	メールでの退職届	122

〈事例30〉 退職届を受理しない ……………………………… 125

〈事例31〉 引き継ぎをせずに辞める従業員 ……………… 129

〈事例32〉 契約期間中の退職 ……………………………… 134

〈事例33〉 パート社員の退職金 …………………………… 137

〈事例34〉 退職願の撤回 …………………………………… 141

〈事例35〉 自宅待機中の従業員からの退職届 …………… 144

〈事例36〉 資格取得費用の返還 …………………………… 148

〈事例37〉 研修費用の返還 ………………………………… 152

〈事例38〉 退職後の競業避止 ……………………………… 155

〈事例39〉 退職後の秘密保持契約 ………………………… 160

〈事例40〉 退職時の備品返却 ……………………………… 164

〈事例41〉 **60歳定年で
退職日がいつになるかわからない** ………… 168

〈事例42〉 **60歳定年後、雇用確保の措置がない** ……… 172

〈事例43〉 **再雇用の基準があいまい** ……………………… 175

〈事例44〉 退職者からの賞与請求 ………………………… 180

〈事例45〉 断続的な欠勤に対する休職命令 ………………… 183

〈事例46〉 休職期間をリセットする従業員 ………………… 187

〈事例47〉 自己啓発のための休職 ………………………… 191

〈事例48〉 ケガによる休職からの復職 …………………… 196

〈事例49〉 傷病が完治していないので
復職させない ………………………………… 199

〈事例50〉 入社後すぐの休職 ……………………………… 204

〈事例51〉 復職にあたって
診断書を提出しない従業員 ………………… 208

〈事例52〉 休職期間中の賃金 ……………………………… 212

〈事例53〉 会社の都合で
パートタイマーを休業させた ……………… 216

〈事例54〉 インフルエンザにかかった従業員の
就業禁止 ……………………………………… 219

〈事例55〉 休職か解雇か …………………………………… 224

事例 01

解雇の種類

広告代理店Ａ社の人事担当です。重大なミスをして、取引先に迷惑をかけた20代営業のＢさんを解雇することにしました。しかし、このケースが普通解雇になるのか懲戒解雇になるのかがわかりません。Ｂさんからは「懲戒解雇だけはやめてほしい」と言われています。

失敗のポイント

解雇の種類と影響について理解していませんでした。懲戒解雇とは、従業員の企業秩序違反などに対する制裁として行われるものを言います。普通解雇よりも有効性判断は厳格になります。

> **正しい対応**
>
> 懲戒解雇事由に該当するかどうかを適切に判断し、該当するのであれば普通解雇にするか懲戒解雇にするかは会社の裁量です。懲戒解雇は従業員にとって不利益が多いので、情状酌量で普通解雇にすることもありえます。

［解説］

　解雇とは、使用者の一方的な意思表示による労働契約の解除のことです。労働者を保護するため解雇の有効性の判断は厳しく行われ、「客観的で合理的な理由」がなければ、解雇権の濫用として無効になります。
　解雇には、普通解雇、整理解雇、懲戒解雇の3種類があります。

(1) 普通解雇
　　就業規則に定めのある事由に該当する事実があって行われる解雇
(2) 整理解雇
　　普通解雇のうち、会社の経営上、人員整理が必要なときに行われる解雇
(3) 懲戒解雇
　　就業規則上の懲戒事由に該当する事実があり、最も重い処分として行われる解雇

普通解雇の場合は、30日前に予告するか、30日分の解雇予告手当を支払わなければなりません（労働基準法20条）。一方、懲戒解雇の場合は、「解雇予告除外認定」を受ければ解雇予告手当の支払いが不要になります。そして、即日解雇するのが普通です。退職金を全額不支給にしたり、減額したりすることもあります。

　一般に、懲戒解雇された場合の従業員の不利益は大きくなるので、普通解雇に比べてその有効性はより厳しく判断されます。解雇事由については就業規則にあらかじめ記載しておく必要がありますが、なかでも懲戒解雇は「限定列挙」とされています。就業規則に列挙されている懲戒解雇事由以外の事由では、懲戒解雇することができないのです。

　また、Bさんのミスに関して、会社側に落ち度がなかったかも問われるでしょう。教育訓練や管理体制、損害の大きさ等を総合的に勘案して判断することになります。

　そうした判断の結果、懲戒解雇事由に該当する場合には、懲戒解雇にするか普通解雇にするかは使用者の裁量です。従業員に与える影響等を考慮に入れながら、退職金等も検討することになるでしょう。

普通解雇

解雇予告
4/1

退職日
4/30

解雇
4/1

解雇予告手当20万円
（平均賃金30日分）

懲戒解雇

解雇
4/1

解雇予告除外認定

労働基準法

第20条

1. 使用者は、労働者を解雇しようとする場合においては、少なくとも三十日前にその予告をしなければならない。三十日前に予告をしない使用者は、三十日分以上の平均賃金を支払わ

なければならない。但し、天災事変その他やむを得ない事由のために事業の継続が不可能となった場合又は労働者の責めに帰すべき事由に基づいて解雇する場合においては、この限りでない。
2. 前項の予告の日数は、一日について平均賃金を支払った場合においては、その日数を短縮することができる。

解雇予告除外認定

　労働者の責めに帰すべき事由に基づいた解雇の場合、所轄労働基準監督署長の解雇予告除外認定を受ければ、解雇予告義務が免除されます。認定の基準は以下のようになっています。

1. 極めて軽微なものを除き職場内での盗取、横領、傷害など刑法犯に該当する行為があったとき
2. 賭博、風紀紊乱等により職場規律を乱した場合
3. 採用条件の要素となるような経歴の詐称
4. 他事業への転職
5. 2週間以上正当な理由がなく無断欠勤し、出勤の催促に応じない場合

　解雇予告除外認定は、原則として事前に受けておかなければなりませんが、即日解雇したときに、解雇予告除外認定に該当する事実があれば、後日に確認処分が行われても有効とされています。

事例 02

就業規則に基づかない解雇

アパレルショップを経営しています。従業員Kの接客態度が悪いので、再三口頭にて注意をしていました。先日、お客さまが店に入ってきても挨拶をせず雑誌を読んでいたので、厳しく注意をしたら反抗的な態度をとったので、「明日からもう来るな」と言い、懲戒解雇にしました。懲戒解雇ですから手当などはとくに支払っていません。すると、後日不当解雇を訴える内容証明が届きました。当社は小さな会社で従業員は5人ですから、就業規則も作成していませんでした。

失敗のポイント

就業規則を作成していませんでした。懲戒解雇の規定がありませんので、Kさんを懲戒解雇することは難しいでしょう。解雇予告手当を支払うことなく、即日解雇するには解雇予告除外認定を受ける必要がありますが、今回のケースでは認定を受けるのは難しいと思われます。

正しい対応

就業規則を作成し、懲戒の規定を明確にしておきます。従業員の態度が悪く、必要な指導にも従わなければ懲戒の可能性があることを理解してもらいましょう。注意をしたことは記録に残し、最悪の場合、解雇の手続きをとります。

［解説］

「解雇は、客観的に合理的な理由を欠き、社会通念上相当であると認められない場合は、その権利を濫用したものとして無効とする」とされています(労働契約法16条)。

解雇は、従業員の生活の基盤を揺るがし、大きな影響を与えますから、簡単にできるものではありません。とくに懲戒解雇となると、従業員にとって不利益が大きいため、解雇の有効性はより厳しく判断されます。原則として、就業規則の懲戒解雇事由に当たらない事由によって懲戒解雇することはできないとされていますから、そもそも就業規則を作成していない状態で懲戒解雇をするのはかなり難しいでしょう。

就業規則の作成・届出義務があるのは、常時使用する労働者が10人以上の事業所ですので、今回のケースでは確かに就業規則作成義務はありません。しかし、社内のルールを明確にし従業員に気持ちよく働いてもらうため、今回のようなトラブルを避けるためにも、やはり作成すべきです。

懲戒に関する事項を就業規則に定め、すぐに解雇にするのではなく、段階的に懲戒していくことが必要です。最悪の場合が解雇ですが、合理性が認められるためには、それまで解雇を回避する努力をしてきたこと、解雇に相当するような事実があったこと等を証明しなくてはなりません。Kさんには口頭で注意をしていたということですが、注意をした事実は記録しておくのがよいでしょう。

　また、懲戒解雇であっても、原則は解雇予告制度の適用を受けます。解雇予告制度とは、少なくとも30日前に解雇の予告をするか、30日分以上の平均賃金を支払うものです。
　労働基準監督署に解雇予告除外認定を申請し、認められれば、解雇予告手当を支払うことなく即日解雇が可能です。(事例01解雇の種類参照)

規定例

第○条　(普通解雇)

会社は、従業員が次の各号に該当するときには、解雇する。

1. 勤務成績または職務能力が著しく不良で、向上の見込みがないとき、あるいは職務怠慢なとき
2. 協調性に欠け、職場の輪を乱し、業務の円滑な遂行の妨げとなるとき
3. 身体または精神の故障により、適切な雇用管理を行っても勤務に耐えないと会社が認めたとき
4. 業務上の負傷または疾病による療養の開始後3年を経過して

も当該負傷又は疾病がなおらない場合であって、従業員が傷病補償年金を受けているとき、または受けることとなったとき（会社が打ち切り補償を支払ったときを含む）
 5. 試用期間中または試用期間満了時に、従業員として不適当と認められたとき
 6. 高い職務能力を期待し、地位を特定して、担当業務に関する一定の目標・成果を約して雇用した者が、当該目標・成果におよばなかったとき
 7. 懲戒解雇事由に該当するが、情状により普通解雇を相当とするとき
 8. 事業の運営上のやむを得ない事情または天災事変その他これに準ずるやむを得ない事情により、事業の継続が困難となったとき
 9. 事業の運営上のやむを得ない事情または天災事変その他これに準ずるやむを得ない事情により、事業の縮小・転換又は部門の閉鎖等を行う必要が生じ、他の職務に転換させることが困難なとき
 10. 当社の従業員として適格性がなくなったとき
 11. その他前各号に準ずる事由があったと認められるとき

規定例

第○条　（懲戒解雇事由）

従業員が次の各号の一に該当するときは、懲戒解雇とする。ただ

し、平素の服務態度その他情状によっては会社の判断によりその他の懲戒種に軽減する場合がある。

1. 故意又は重大な過失により会社に重大な損害を与えたとき
2. 会社内またはこれに準ずる場所において刑法その他刑罰法規の各規定に違反する行為を行い、その犯罪事実が明らかとなったとき
3. 素行不良で著しく会社内の秩序又は風紀を乱したとき
4. 重要な経歴を詐称して雇用されたとき
5. 正当な理由なく無断欠勤が連続14日以上に及び、出勤の督促に応じなかったとき
6. 正当な理由なく無断でしばしば遅刻、早退または欠勤を繰り返し、改善の見込みのないとき
7. 1年以内に懲戒を受けた者が、さらに懲戒処分に該当する行為をしたとき
8. 許可なく職務以外の目的で会社の施設、物品等を使用したとき
9. 職務上の地位を利用して私利を図り、または不正・不当な金品その他を授受したとき
10. 私生活上の非違行為や会社に対する誹謗中傷等によって会社の名誉信用を傷つけ、業務に重大な悪影響を及ぼすような行為があったとき
11. 会社の業務上重要な秘密を外部に漏洩して会社に損害を与え、または業務の正常な運営を阻害したとき
12. セクシュアルハラスメント行為の禁止に違反し、円滑な職務遂行を妨げたり、職場の環境を悪化させ、またはその性的言動に対する相手方の対応によって、一定の不利益を与えるよ

うな行為を行ったとき
13. 許可なく他の企業・団体等に就業し、また自ら営業を行ったとき
14. その他前各号に準ずる程度の不適切な行為があったとき

事例 03
周知していない就業規則に基づく解雇

　従業員15人ほどのWEB制作会社を経営しています。新たに採用した従業員Tさんの態度が悪く、遅刻も頻繁であるため、解雇することにしました。服務規律違反による解雇であると告げたところ、「就業規則を見せてもらったことがないから、解雇はできないはずだ」と言われてしまいました。就業規則はきちんと作っているのですが、私のデスクにあるだけで、従業員に見せてはいませんでした。

失敗のポイント

　就業規則は、従業員がいつでも見られるように掲示・備え付けなどし、周知させなければなりません。従業員は、周知されていない就業規則には拘束されません。懲戒解雇事由に該当していたとしても、解雇はできないことになります。

> **正しい対応**
>
> 就業規則を周知させており、その就業規則に定められた解雇事由に該当する場合、解雇が認められることになります。ただし、遅刻等の服務規律違反でいきなりの解雇は難しいでしょう。

 ［解説］

　就業規則は、従業員がいつでも見ることができるようにしておく必要があります。周知の方法としては、

　　(1) 常時各作業場の見やすい場所へ掲示、または備え付ける
　　(2) 書面を従業員に交付する
　　(3) パソコンのデータを共有する

といったことが考えられます。周知の義務（労基法106条1項）に違反すると、罰金（30万円以下の罰金）の対象になりますので、注意が必要です。

　就業規則が社内のルールとして従業員を拘束するものになるためには、周知させる手続きがとられていることが前提です。今回のケースでは、Tさんの行動が就業規則に定められた解雇事由に該当していたとしても、就業規則が周知されていなかったのですから、解雇することはできません。また、周知させている就業規則の懲戒解雇事由に該当したとしても、直ち

に解雇するのは難しいでしょう。解雇は客観的合理性・社会的相当性が認められなければ、「解雇権の濫用」として無効になります。

就業規則の作成・変更手続き

　常時10人以上の従業員を使用する使用者は、必要記載事項について就業規則を作成し、所轄労働基準監督署へ届け出る必要があります。
　その際、労働者代表の意見を聴き、意見書を添付します。
　就業規則の変更の際も同様です。そして、周知させることで「社内のルール」として効力を発揮します。ルールをきちんと知らせておくことは大切です。

事例 04

能力不足による解雇

　生命保険商品を扱うＡ社の人事担当です。1年前に営業として30代のＭさんを採用しました。Ｍさんはこれまで他の業界で営業職をしており、面接でも好印象でした。即戦力になると思って採用したものの、1年たっても営業成績が芳しくなく、毎月の予算を達成していません。社長と相談した結果、就業規則の「職務遂行能力が就業に適さないと認めたとき」という解雇事由にあたるとしてＭさんに解雇を言い渡しました。ところが、Ｍさんは「これまで指摘されたこともないのに、能力不足を理由に解雇できるわけがない」と抗議してきました。

失敗のポイント

解雇は客観的合理性・社会的相当性が認められなければ無効とされます。就業規則の解雇事由に形式上相当していても、直ちに解雇することはできません。「能力不足」が主観的である場合、解雇の事由とするのは難しいでしょう。

正しい対応

解雇に至る前に、業務を行う上で能力が十分でないことを具体的に指摘し、改善のための十分な指導・教育訓練を行います。それでも能力が向上しなかった場合、はじめて能力不足を理由とする解雇を検討します。

即戦力として期待した中途採用の場合、具体的に数値で目標が記された労働契約があり、それを下回っていることがわかる資料があるなど、客観的に能力不足を立証できれば認められる可能性が高いです。

[解説]

　多くの会社では、解雇事由の1つとして「勤務成績または職務遂行能力や技能が不良と認めたとき」といった規定を設けていますが、これに該当するからといって直ちに解雇することはできません。職務遂行のうえで求められる能力は、契約内容や職務、採用の経緯等によって異なります。その労働者が客観的に見て「能力不足」と言えるのかどうかが問題です。漠然と、期待した能力がなかったというのは、使用者の主観であり、期待に応えられなかったことをもって解雇事由に該当するとは言えないでしょう。

　また、Mさんは「これまで指摘されたことがない」と言っていますが、解雇に至る前に改善の余地はなかったのかも問われます。Mさんに具体的に指摘をし、能力向上のための指導や教育訓練を適切に行ったうえで、それでも改善されない場合にはじめて能力不足を理由に解雇が認められることになります。

　ただし、即戦力を期待した中途採用で、相応の能力を持っていることを前提に処遇を決め労働契約を結んでいる場合は、解雇の合理性判断は比較的緩やかになります。

　労働契約上、
　　(1) 目標が具体的数値として示されている
　　(2) 他の職種や業務に配置換えする契約上の義務がない
　場合で、目標数値に達していないことが客観的に立証できれば、過去の判例から見て解雇が認められる可能性が高いです。

［裁判例］

セガ・エンタープライゼス事件（平成11.10.15　東京地裁）

　Y社に大学院卒の正社員として採用された従業員Xは、海外の外注管理を担当できる程度の英語力を備えていなかったこと、取引先から苦情が来て外注管理業務から外されたこと、従業員の中で下位10％未満の考課順位であったこと等から「労働能率が劣り、向上の見込みがない」として解雇された。

　裁判では、この人事考課が相対評価であることから、平均的水準に達していないとはいえ直ちに「労働能率が著しく劣り、向上の見込みがない」とまでいうことはできず、さらに体系的な教育・指導を実施することで、労働能率の向上を図る余地があるとして解雇無効と判断した。

事例 05

飲酒運転による即日解雇

学習塾Ａを経営しています。カリキュラム管理等の事務をやっている従業員Ｎさんが、休日に自宅で飲酒後、車を運転し近所のブロック塀に衝突するという事故を起こしました。被害者はいませんが、教育に携わっている者として許すわけにはいきません。学習塾Ａでは就業規則の懲戒解雇事由として「飲酒運転をした場合」と挙げていますので、即日解雇をすることにしました。人事担当者からは「普段は勤務態度もいいので、解雇は厳しすぎるのでは」と言われています。

失敗のポイント

解雇の事由はある程度会社の裁量で決めることができますが、就業規則の懲戒解雇事由に該当するからといって、直ちに解雇できるわけではありません。客観的合理性と社会的相当性がなければ、解雇権の濫用として無効になります。

> **正しい対応**
>
> 懲戒解雇も、客観的合理性と社会通念上の相当性によって有効性が判断されます。当該従業員の飲酒運転が会社に与える社会的評価への悪影響、会社が行ってきた教育等を総合的に勘案したうえで、まずは戒告・減給・出勤停止のような軽い処分を行い、再教育するといった手続きが必要でしょう。

[解説]

　解雇の事由は、ある程度会社の裁量で決めることができます。しかし、労働契約法16条には「解雇は、客観的に合理的な理由を欠き、社会通念上相当であると認められない場合は、その権利を濫用したものとして無効とする」と規定されています。懲戒解雇にも、客観的合理性と社会通念上の相当性が求められるのです。

　今回のケースでは、就業時間外であることや、通常の勤務態度がいいこともあり、飲酒運転＝即日解雇と考えないほうが無難です。

　本来、業務と関係のない私生活上の行為については、懲戒権は及ばないとされています。ただし、企業秩序の維持に影響がある場合、会社の社会的評価に損害を与える場合等には懲戒を行うことができます。

　タクシーやバスの運転手、マスコミ、公務員等は飲酒運転による会社の社会的評価への影響が大きいため、解雇の有効性は高くなります。

また、飲酒に至った経緯や悪質性の程度、会社が日頃どのような教育を行っていたかなども総合的に勘案して、判断されることになります。
　まずは戒告（注意をあたえて将来を戒めること）・減給・出勤停止のような処分を行い、再教育するといった手続きが必要です。そのうえで、再び飲酒運転があった場合には、懲戒免職もやむを得ないという判断になるでしょう。

懲戒処分の種類

（1）戒告
　　　口頭で注意し、将来を戒める。
（2）けん責
　　　始末書を書かせる。一般的な就業規則では、これが最も軽い懲戒処分として載っている。
（3）減給
　　　賃金の一定額を差し引く。1回の違反については1日分の賃金の半額以内。複数の違反があった場合でも、その減給額はその月の賃金総額の1割を超えることはできない。
（4）出勤停止
　　　使用者側から労働者の就労を拒否し、その間の賃金は支給しない。
（5）降格
　　　職能資格等級を低位に下げる。
（6）諭旨解雇
　　　懲戒解雇とすべきところを、本人が反省している等諸般の事情を考慮して、自発的退職を勧告する。

（7）懲戒解雇

即時に解雇する。最も重い処分。

［裁判例］
加西市懲戒免職処分取消請求事件（平成21.9.18 最高裁）

休日に酒気帯び運転をした兵庫県加西市の元課長を懲戒免職にしたことが「過酷」であるとして、処分を緩和した事例。
裁判では、飲酒運転に対して一般的に厳罰をもって臨むこと自体には合理性を認めることができるとしながらも、悪質さの程度が低いこと、懲戒免職によって被る損害が甚大であること等を考慮して、「直ちに懲戒免職処分をもって臨むことは、社会通念上著しく妥当性を欠いて過酷であり、裁量権を付与した目的を逸脱し、これを濫用したものと評価すべきである」としている。

事例06 自己破産による懲戒解雇

　私は、従業員50名ほどのソフトウェア開発会社の人事担当者です。先日、裁判所から「給料の差押命令」が届いたKという従業員がいます。30歳のSE（システムエンジニア）です。こんなことは初めてで、びっくりしました。本人に話を聞いたところ、Kは競馬やパチンコなどのギャンブルが好きで、そのために借金を繰り返していたようです。このまま自己破産ということになれば、会社にもいろいろ不都合があると思うので、懲戒解雇したいと社長が言っています。取立てが会社に来るかもしれないと思うと、私自身も辞めてもらうのがいい気がします。しかし、Kは「借金があるからと言って解雇はできないはずだ」と主張しています。

失敗のポイント

借金や自己破産は個人的なことなので、それを理由に懲戒解雇することはできません。従業員がきちんと仕事をしている限り、問題はないのです。ただし、仕事に具体的な支障が出たりすれば、それを見過ごすことはできません。仕事ができないような状況になったり、トラブルが起こるようであれば懲戒処分もありえるでしょう。

正しい対応

まずは本人に事情を聞き、今後会社に迷惑をかけたり、職務に専念できない状況になれば懲戒処分になる可能性があることを伝えます。それによって本人が反省し、ギャンブルを自粛したりやめたりすれば問題はありません。

万が一、貸金業者などから悪質な取立てが会社にあった場合には、貸金業法に違反する行為なので、毅然として抗議します。

[解説]

　借金や自己破産は、労務の提供と直接関係があるわけではないので、それを理由に解雇することはできません。自己破産した者が会社経営上の重要なポストについている管理監督者や、経理・財務・集金業務を担当している者である場合等で、他の職種に配置転換ができない場合には、解雇の正当性が認められる可能性はあります。また、弁護士、司法書士、警備員、証券会社の証券外交員、生保の外交員などは、破産宣告を受けた場合、その資格を失うことになります。ですから、資格を持っていることを前提に、特定の職務に限定して雇用契約を結んでいる場合には、解雇も可能でしょう。今回のケースでは、Kさんはそういったポストにいるわけではありませんから、解雇することはできません。

　従業員が自己破産しても、きちんと職務を遂行していれば問題はないのですが、会社に督促の電話や訪問があったり、本人が仕事どころではなくなってしまえば問題です。まずは事情を聞きながら、周りに迷惑がかかったり、トラブルが起これば懲戒処分の可能性があることを伝えましょう。

　また、貸金業者が会社に取立ての電話をしたり、会社に出向いたりするのは貸金業法に違反します。もし、こういったことがあれば、毅然として貸金業者にはやめるように伝えます。

取立行為の規制

1. 暴力的な態度をとること。
2. 大声をあげたり、乱暴な言葉を使ったりすること。
3. 正当な理由もなく、午後9時から午前8時まで、その他不適当な時間帯に、電話・電報で連絡したり、訪問したりすること。
4. 弁護士への委任、調停や訴訟手続きをした旨の通知を受けた後に、借主に直接請求すること。
5. 多人数で押しかけること。
6. 勤務先を訪問し、債務者や保証人の立場が悪くなるような言動をすること。
7. 債務者の借り入れに関する事実その他プライバシーなどに関する事項をあからさまにすること。
8. ほかの貸金業者から借り入れまたはクレジットカードの使用などによって弁済することを強要すること。
9. 法律上支払い義務のない者に対して支払請求したり、必要以上に取立てへの協力を要求したりすること。
10. 暴力をふるうこと。

（昭和58.9.30大蔵省銀行局長通達より作成）

事例 07

転勤に従わない従業員への懲戒解雇

商社の人事担当をしています。

本社と営業所との人員のバランス調整のため、本社に勤務している従業員Yを地方の営業所に配置転換させることにしました。本人に伝えると、「介護が必要な親と同居しており、別居することは難しい」と拒否されました。業務命令に従わないYを懲戒解雇処分にしようと思います。

Yは勤務地を限って採用しているわけではなく、就業規則にも「会社は従業員に配置転換を命じることがある」と定めています。

失敗のポイント

転勤の命令にあたって、自宅に要介護者がいたり、共働きで幼児を育てている従業員には配慮をしなければならないとされています。何もしないままに転勤命令拒否を理由に、懲戒解雇処分にするのはリスクが高いと言えます。

> **正しい対応**
>
> 従業員の家族介護の状況を把握し、転勤後の介護の代替手段の有無の確認などの配慮を行います。そのうえで、転勤命令を出し、従業員が従わない場合は懲戒解雇処分もやむをえないでしょう。

[解説]

　配置転換は、職種限定で採用しているのでない限り、会社の人事権で行うことができ、従業員の個別の同意を得る必要はありません。多くの場合、就業規則等で「会社は従業員に配置転換を命じることがある」と定めており、正当な理由なく業務命令に従わない従業員を懲戒処分することも可能です。

　ただし、業務上の必要がない場合、不当な動機・目的で命じた場合、労働者が通常甘受すべき程度を超える著しい不利益が生じる場合は、権利濫用として無効とされます。

　裁判例では、精神疾患に罹患しており単身で生活することが困難な妻がいる従業員と、要介護状態にある実母がいる従業員に対する転勤命令は、「通常甘受すべき程度を著しく超える不利益を負わせるという特段の事情が認められるので、配転命令権の濫用に当たる」としたケースがあります（ネスレジャパンホールディングス事件　平成15.11.4　神戸地裁）。

今回のケースで、Ｙさんは介護が必要な家族と同居しており、転勤によって介護ができなくなると困るという理由で拒否をしています。育児・介護休業法では転勤を伴う配置転換に関して、「子の養育又は家族の介護を行うことが困難となることとなる労働者がいるときは、当該労働者の子の養育又は家族の介護の状況に配慮しなければならない」としています(育児・介護休業法26条)。

　ここでいう「配慮」は、必ずしも「配置転換命令をしない」ということではなく、従業員の育児や介護の負担軽減を積極的に行うことまで求めているわけではありませんが、何もしないままに配転命令拒否を理由に懲戒解雇するのはリスクが高いと言えます。

　指針では、配慮すべき内容として次のような例が挙げられています(平成14年厚生労働省告示第13号　第2－13)。

1. 子の養育又は家族の介護の状況を把握すること
2. 労働者本人の意向を斟酌すること
3. 配置の変更で就業の場所の変更を伴うものをした場合の子の養育又は家族の介護の代替手段の有無の確認を行うこと

事例 08

整理解雇

金属加工業の会社を経営しています。
業績が悪く赤字の月が続き、回復の見込みがありません。人件費を削らざるをえず、やむなく整理解雇をすることにしました。50名の従業員のうち、5名を指名して解雇しました。すると、その5名の従業員から「なぜ我々なのか」と抗議されてしまいました。

失敗のポイント

整理解雇は使用者側からの一方的な労働契約解約であり、労働者に責任がないことから厳しい規制があります。整理解雇の有効性判断の基準は「整理解雇の4要件」です。

1　人員整理の必要性
2　解雇回避の努力
3　人選の合理性
4　手続きの妥当性

5名の従業員を指名解雇する前に、希望退職募集等の解雇回避努力が必要でした。対象者を選ぶときの基準を明確にし、十分に説明・協議をしなければなりません。

正しい対応

整理解雇は適切な手順を踏んで、慎重に行います。十分に解雇回避努力を行ったのち、対象者の基準を決め、従業員に説明をします。会社の一方的な都合ですので、退職金の上乗せなど従業員に有利な条件も検討すべきです。

［解説］

　整理解雇とは、不況や経営難などで人員削減のために行う解雇のことです。「普通解雇」の一種ですが、使用者側からの一方的な労働契約の解約であり、労働者側には責任がないため、厳しく規制されています。
　実は労働基準法および労働契約法には規定がなく、整理解雇を扱った多くの裁判例の中で適否の基準がつくられてきました。それが「整理解雇の4要件」です。

整理解雇の4要件

(1) 人員整理の必要性

会社の維持・存続のために人員整理が欠かせないことです。売上や業務量の減少の程度などから客観的に合理化の必要性が判断されるような状況が必要です。

(2) 解雇回避の努力

整理解雇を決断するまでに、残業の削減、役職者の手当カット、新規採用停止、一時帰休、希望退職の募集など解雇を回避するための努力をしたかどうかが問われます。

(3) 人選の合理性

整理解雇の対象者を選ぶときの基準が合理的であることです。貢献の度合いや年齢、再就職の可能性考慮等が考えられます。女性や労働組合員、特定の思想を持つ者等を対象にすることは認められません。

(4) 手続きの妥当性

従業員に対して、整理解雇の必要性や内容について納得を得るための十分な説明・協議を行う必要があります。

以前は、これら4つすべてを満たさなければ整理解雇の有効性が認められないとされていました。最近の裁判例では、厳しい経営環境を反映したためか必ずしも4つすべてを満たすべきとするのではなく「判断要素」としているものが多くなっています。ですので「整理解雇の4要件」ではなく「整理解雇の4要素」と呼ばれることが増えています。

やむを得ず整理解雇を行う場合には、これらの要素を考慮し、適切な手続きをとることが大切です。

整理解雇実施の前には、通常、希望退職の募集や退職勧奨を行います。希望退職の募集とは、会社が一定の条件を上積みして、退職を希望する従業員を募ることです。この場合、辞めてほしくない優秀な従業員が手を挙

げる可能性があります。応募してきた従業員のうち会社が認めた場合に限るとしておきましょう。

　退職勧奨とは、個別に話をして辞めてもらう方法です。退職の合意を得られなければ、何度か面談をすることになるかもしれませんが、執拗な退職勧奨は危険です。パワハラと捉えられ、トラブルになることがあります。感情的な発言は避け、慎重に行ってください。

希望退職者募集要項

　○×株式会社は、厳しい経営状況を克服するため、以下の要項にて希望退職者を募集します。

1. 募集人数　5名
2. 対象部門　全部門
　　　　　　　ただし、本人が希望し会社が承認した者に限る
3. 募集期間　募集開始日より2週間
4. 応募手続　所定の希望退職申出書を管理部に提出
5. 退職日　　平成23年6月30日付
6. 退職条件　退職金規程による会社都合の退職金に
　　　　　　　以下の特別退職金を上乗せした額

35歳未満	退職金の10%
35歳以上55歳未満	退職金の20%
55歳以上	退職金の30%

7. その他
　　※募集期間中に予定人員に達したときは募集を締め切ります。

※希望者が予定人員に達しなかったときは、引き続き次のいずれかを行います。

 (1) 二次募集
 (2) 退職勧奨
 (3) 整理解雇

〇月×日
〇×株式会社

［裁判例］
山田紡績事件（平成18.1.17　名古屋高裁）

　紡績業と不動産業を経営していた企業Yが経営破たんにより紡績業を廃止し、100名以上の従業員を解雇したが、解雇権濫用にあたるとされた例。
　事業部門閉鎖による解雇は、労働者に責任がなく経営上の理由で行われた解雇なので「整理解雇」にあたり、4要素を総合的に勘案して有効性が判断される。裁判では、4要素を充たしていないため、解雇権の濫用にあたり、無効とされた。

事例 09

退職勧奨

　雑貨販売のA社を経営しています。お客さまから従業員Kの評判がよくないため、退職勧奨を行いました。「向いていないのではないか、別の仕事を探したらどうだ」と言うと、「考えます」と言い、Kはその日は帰りました。翌日Kは通常どおり出勤しており、数回に渡って退職の意思を確認したところ、反抗的な態度をとるので感情的になって「自分の立場がわかっているのか」と言うと「パワハラだ」と抗議されてしまいました。

失敗の ポイント

　従業員が拒否しているのに、執拗に退職勧奨を行うのは危険です。退職を強要したとして慰謝料を求められることもあります。暴言を吐いたりすると、「パワハラ」とされるリスクが高まります。

> **正しい対応**
>
> 退職勧奨に応じるかどうかは、あくまでも労働者の自由です。退職勧奨をする場合には、従業員が応じやすいような条件を提示するといいでしょう。賃金補償や退職金の上乗せ等を検討し、説明して合意をとったうえで「合意書」(退職届)を書いてもらいます。

[解説]

　退職勧奨とは、使用者が労働者に対し強制を伴わない退職の働きかけを行うことです。個別の「肩たたき」や「希望退職の募集」がこれにあたります。勧奨に応じるかどうかは、あくまでも労働者の自由です。解雇ではなく、合意の「退職」となりますから、解雇予告手当の支払い義務はありません。しかし一般的に、何か月分かの賃金を補償したり、規定の退職金に一定額の上積み、再就職のあっせんをするなどの条件を提示し、従業員が勧奨に応じやすいようにします。

　退職勧奨自体は違法ではありません。しかし、執拗な勧奨を繰り返したり、大勢で取り囲んだり、労働条件の切り下げや配置転換を示唆して退職に追い込むようなことはできません。「何回以上退職勧奨してはならない」といった基準はありませんが、感情的になって暴言を吐いたりすれば、「パワハラ」とされるリスクが高まります。

退職の合意ができたら、合意書を書いてもらうようにしましょう。その場では納得していても、あとになって考えが変わることもあります。「退職は無効だ」と訴えられ、トラブルにならないように合意したことを書面でとっておくのです。

退職勧奨の合意書例

退職合意書

　○○株式会社（以下「甲」という）及び○○　○○（以下「乙」という）は、乙の退職に関し下記の通り合意し、その証として本書面に署名するものとする。

1. 乙は　　　年　　月　　　日に申し渡された退職勧奨に合意し、　　　年　　月　　　日をもって甲を退職する。

2. 甲は乙に対し、退職金規定に定める退職金の支給及び雇用保険の離職理由については「会社都合」扱いとする。

3. 甲は乙に対し、特別退職金として乙の退職時月間基本給の○か月分を支給する。

4. 乙は在職中に知り得た甲及び甲の取引先・関連会社の機密及び重要情報については、甲の許可なく、在職中または退職以後において、他に漏洩したり、自ら利用してはならない。

5. 甲乙共に、本合意書に定める以外の権利及び義務を有しない

ことを確認する。

甲) ○○株式会社　　　　　　　乙)
　　代表取締役　　　　印　　　　　　　　　印
　　　　年　　月　　日　　　　　年　　月　　日

事例 10

全員解雇して再雇用する

従業員15名ほどの不動産関連の会社を経営しています。不況と会社の業績悪化により、リストラせざるをえない状況です。従業員全員をいったん解雇し、賃金10％カットなど労働条件を引き下げて再雇用したいと考えています。従業員に対しては説明をし、今のところ半数くらいの同意を得ています。

失敗のポイント ✕

原則として、労働条件の一方的な切り下げは許されません。今回のケースは、労働条件を切り下げることを目的とした整理解雇であり、そもそも整理解雇が認められるかどうかが問題になります。

> **正しい対応**
>
> 整理解雇の4要件（要素）を総合的に判断し、解雇自体が無効とされる可能性が高いです。解雇を回避するための努力を行い、賃金カット等労働条件の切り下げに必要性があるのであれば、従業員の合意を得て合理的な範囲内で労働条件の切り下げを検討します。

［解説］

　新たな労働条件での労働契約再締結の申し入れを伴った解雇を「変更解約告知」と言います。「賃金カットなど労働条件を切り下げることに同意するか、解雇か」のどちらかを提示するもので、従業員からすれば、解雇のおどしのもとで新しい労働条件への同意を迫られることになります。

　もともとはドイツの法律上の制度である「変更解約告知」の考え方が、日本で最初に取り入れられたのがスカンジナビア航空事件です（平成7.4.13 東京地裁）。このときは、①労働条件変更の必要があること、②変更の必要性が労働者の受ける不利益を上回り、労働条件の変更をともなう新契約の申込に応じない労働者を解雇することがやむをえないこと、③解雇回避努力が尽くされている、ことなどを挙げ、労働条件の変更に応じない従業員の解雇が認められました。しかし、現在日本では変更解約告知に関して法律上の規定はなく、他の裁判例ではこの考え方を取り入れることに慎重な態度を示しています。

〈事例10〉全員解雇して再雇用する

変更解約告知の法理を認めない場合、通常の解雇権濫用の法理の枠組みの中で有効性を判断することになります。今回のケースのように、いったん全員を解雇した後で、労働条件を引き下げて再雇用するという場合、労働条件引き下げを目的とした整理解雇の合理性が問われることになるでしょう。整理解雇の4要件（要素）（①人員整理の必要性、②解雇回避の努力、③人選の合理性、④手続きの妥当性）を総合的に考慮したうえで、客観的合理性と社会通念性が認められなければ、無効とされます（事例08整理解雇参照）。

いったん全員を解雇という前に、解雇回避の努力が必要ですので、今回の処置に関して再考する必要がありそうです。

なお、原則として一方的に労働条件を引き下げることはできず、従業員の合意が必要となります。就業規則の変更によって労働条件を切り下げる場合は、就業規則の変更が合理的であること、変更後の就業規則を従業員に周知させたことの2つの要件を満たさなければ認められません（労働契約法9条）。

全員解雇という強硬手段よりは、従業員と話し合って合理的な範囲内で労働条件の引き下げを行うほうが、その合理性が認められやすいのではないでしょうか。

労働条件の引き下げ

賃金や労働時間等の労働条件は、法令や就業規則、労働協約により、制約を受けますが、労働契約の当事者である使用者と労働者の合意によって決定されるのが基本です。雇用関係を継続させる中で、労働条件を引き下げざるをえないような状況になった場合も、会社側から一方的に労働条件を引き下げることは認められません。

やむをえず労働条件を引き下げる(労働条件の不利益変更と言います)場合には、次のような方法が考えられます。

・労働協約の変更による労働条件の不利益変更
・就業規則の作成・変更による労働条件の不利益変更
・個別同意による労働条件の不利益変更
・変更解約告知による労働条件の不利益変更
・身分の変更(降格、配転等)による労働条件の不利益変更

就業規則を変更することで労働条件を引き下げる場合、従業員が合意していればどのように変更しても構わないわけではなく、その合理性を以下のような点から判断されます。
1. 変更によって被る従業員の不利益の程度
2. 変更との関連でなされた他の労働条件の改善状況
3. 変更の経営上の必要性
4. 労働組合・労働者との交渉の経過
5. その他就業規則変更に係る事情

労働契約法
第8条
　労働者及び使用者は、その合意により、労働契約の内容である労働条件を変更することができる。
第9条
　使用者は、労働者と合意することなく、就業規則を変更することにより、労働者の不利益に労働契約の内容である労働条件を変

更することはできない。ただし、次条の場合はこの限りでない。

第10条

　就業規則の変更により労働条件を変更する場合において、変更後の就業規則を労働者に周知させ、かつ、就業規則の変更が、労働者の受ける不利益の程度、労働条件の変更の必要性、変更後の就業規則の内容の相当性、労働組合等との交渉の状況その他の就業規則の変更に係る事情に照らして合理的なものであるときは、労働契約の内容である労働条件は、当該変更後の就業規則に定めるところによるものとする。ただし、労働契約において、労働者及び使用者が就業規則の変更によっては変更されない労働条件として合意していた部分については、第12条に該当する場合を除き、この限りでない。

事例 11

育児休業中の従業員の解雇

建築資材メーカーA社を経営しています。このたび、業績不振によりやむをえずリストラを行うことにしました。解雇の対象として、1か月後に復職予定である育児休業中のOさんを選び、その旨を伝えました。理由は、「環境が刻々と変わる中では、復職しても業務についてこられず、業務能力が他の従業員より低いと言えるから」。

Oさんは、「育児休業中の解雇は違反です」と抗議してきました。私はOさんの能力低下を理由にしたいのですが、Oさんは聞き入れません。

失敗のポイント

直接の理由は「整理解雇の必要性」でも、対象として育児休業中の従業員を選んだことは、実質的に育児休業を取得したことを理由にすることと変わりません。育児休業を取得したことを理由に、解雇や不利益な取り扱いをすることは認められません。

> **正しい対応**
>
> このケースは、「整理解雇」ですから整理解雇の4要件（4要素）を満たしていることが必要になります。そのうえで、客観的で合理的な人選基準に適合しているのなら、休業中であるかどうかにかかわらず、対象として認められます。

［解説］

　育児休業をしている従業員に対し、育児休業を取得したことを理由として解雇やその他の不利益な取り扱いをすることはできません（育児・介護休業法第10条、男女雇用機会均等法第9条4項）。休業をしていない他の従業員と同等に考え、合理的な理由がある場合は、育児休業中であっても解雇が認められることになります。

　今回のケースでは、業績不振による「整理解雇」ですので、まず「整理解雇の4要件（4要素）」を満たす必要があります。（事例08整理解雇参照）

　単純に「育児休業中の者は能力が低下している」というのは認められにくいでしょう。他の従業員と同等に扱い、そのうえで合理的な理由があるのであれば、育児休業中であるかどうかにかかわらず、認められます。

　出勤率、勤続年数、再就職の可能性など、客観的で合理的な基準を作成することが必要です。

育児・介護休業法

（不利益取扱いの禁止）

第10条

　事業主は、労働者が育児休業申出をし、又は育児休業をしたことを理由として、当該労働者に対して解雇その他不利益な取扱いをしてはならない。

男女雇用機会均等法

（婚姻、妊娠、出産等を理由とする不利益取扱いの禁止等）

第9条

1. 事業主は、女性労働者が婚姻し、妊娠し、又は出産したことを退職理由として予定する定めをしてはならない。
2. 事業主は、女性労働者が婚姻したことを理由として、解雇してはならない。
3. 事業主は、その雇用する女性労働者が妊娠したこと、出産したこと、労働基準法（昭和二十二年法律第四十九号）第六十五条第一項の規定による休業を請求し、又は同項若しくは同条第二項の規定による休業をしたことその他の妊娠又は出産に関する事由であつて厚生労働省令で定めるものを理由として、当該女性労働者に対して解雇その他不利益な取扱いをしてはならない。
4. 妊娠中の女性労働者及び出産後一年を経過しない女性労働者に対してなされた解雇は、無効とする。ただし、事業主が当該解雇が前項に規定する事由を理由とする解雇でないことを

証明したときは、この限りでない。

<禁止されている解雇その他不利益な取扱いの典型例>
① 解雇すること。
② 期間を定めて雇用される者について、契約の更新をしないこと。
③ あらかじめ契約の更新回数の上限が明示されている場合に、当該回数を引き下げること。
④ 退職又は正社員をパートタイム労働者等の非正規社員とするような労働契約内容の変更の強要を行うこと。
⑤ 不利益な自宅待機を命ずること。
⑥ 降格させること。
⑦ 減給をし、又は賞与等において不利益な算定を行うこと。
⑧ 昇進・昇格の人事考課において不利益な評価を行うこと。
⑨ 不利益な配置の変更を行うこと。
⑩ 就業環境を害すること。
⑪ 派遣労働者として就業する者について、派遣先が当該派遣労働者に係る労働者派遣の役務の提供を拒むこと。

MEMO

事例 12

産前産後休業中の解雇

　小さな編集プロダクションをやっています。経理担当である従業員のHが妊娠し、お腹がだいぶ大きくなってきたのでつい先日産休に入りました。Hがいない間、私自身が経理を見ていたのですが、重大な不正を発見してしまいました。損害も大きいうえに、何故これまで気付かなかったのだろうかと、とてもショックを受けています。処分としては懲戒解雇が妥当だと思うのですが、知人に産休中とその後30日間は解雇ができないと聞きました。今はHが戻ってくるのを待つしかできません。

失敗のポイント

解雇の制限についてあまり理解していませんでした。たとえ懲戒解雇の事由があったとしても、産前産後で休業している間とその後30日間は解雇ができません。しかし、解雇の予告をすることはできます。また、法定の期間を超えて休業している場合には解雇の制限がありませんから、Hさんが産前6週間よりも前であれば解雇できるかもしれません。

正しい対応

本当に懲戒解雇に相当するのかという問題はありますが、解雇制限期間についてまずは正しく把握します。産前6週間（多胎妊娠14週間）、産後8週間の休業期間とその後30日間は解雇できませんが、法定の期間を超えて休業している場合や、産後6週間を経過して働いている場合などは解雇の制限はありません。また、解雇予告の制限はありませんから、休業中であっても予告をすることはできます。Hさんが法定の産前産後休業中なのであれば、解雇予告をすることになります。

[解説]

労働基準法では、一定期間解雇できない「解雇制限期間」が定められています(労基法19条)。解雇制限期間にあたるのは次の2つです。

1. 業務上の傷病により休業する期間とその後30日間

仕事が原因によるケガや病気で休業している期間とその後の30日間は解雇できません。たとえば仕事中にケガをし、その療養のために20日間休業した場合は、その後の30日間とあわせて合計50日間は解雇が制限されます。なお、私傷病での休業の場合は解雇制限の対象にはなりません。

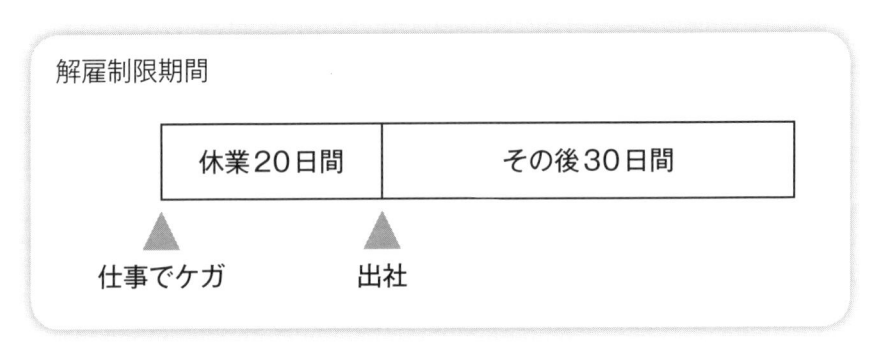

```
解雇制限期間
  ┌─────────────┬─────────────┐
  │  休業20日間  │  その後30日間 │
  └─────────────┴─────────────┘
     ▲              ▲
   仕事でケガ        出社
```

2. 産前産後休業をしている期間とその後30日間

産前6週間(多胎妊娠の場合は14週間)と産後8週間およびその後の30日間は解雇ができません。実際の出産が出産予定日より遅れた場合、その間の休業期間も解雇制限期間になります。

この法定期間を超えて休業している場合は解雇制限の対象外です。また、産前6週間の期間であっても就労している期間、産後6週間経過後に就労している場合(本人の請求に基づき、医師が支障ないと認める業務に従事している場合)の就労から30日経過後は解雇が可能です。

```
解雇制限期間
┌─────────┬─────────┬──────┐
│  産前    │  産後    │その後 │
│ 6週間    │ 8週間    │30日間 │
└─────────┴─────────┴──────┘
     ▲         ▲
  休業に入る   出産
```

※解雇制限の例外

解雇制限期間であっても、例外的に解雇ができる場合があります。

1．打切補償を支払った場合

　　労働者が業務上の傷病で休業をしており、療養開始後3年が経過しても治ることがなく、平均賃金の1200日分を支払う場合です。

2．天災事変等により事業の継続が不可能となった場合

　　地震や火事による会社焼失などやむを得ない事由によって事業の継続が不可能になった場合、労働基準監督署長の認定を受けて、解雇制限が解除されます。

　解雇制限期間の間は、整理解雇を実施するとしても、懲戒解雇にあたる言動が発覚したとしても、解雇をすることができません。

　ただし、解雇予告は制限されていませんから、解雇制限期間中であっても予告をすることができます。懲戒解雇にあたる事由が発覚したのであれば、解雇制限期間を経過した日を退職日として解雇予告をすることになります。解雇の有効性は、客観的合理性と社会通念正当性により判断されます。

事例 13

試用期間中の解雇

コンサルティング会社を経営しているAというものです。当社では3か月の試用期間を設けています。4月に新卒のEさんとKさんが入社したのですが、Eさんが会社に馴染んでいるのに対し、Kさんはおとなしく、あまりやる気も感じられません。試用期間が終わると同時に「本採用をしない」と伝え、雇用を終わらせることにしました。解雇予告や解雇予告手当はとくにしていません。

失敗のポイント

「本採用をしない」＝「解雇」です。試用期間中でも14日を超えている場合は、解雇予告・解雇予告手当が必要です。また、客観的合理性・社会的相当性が認められなければ無効とされます。

> **正しい対応**
>
> 少なくとも30日前に解雇予告をするか、平均賃金の30日分以上の解雇予告手当を支払わなくてはなりません。試用期間中はとくに十分な指導・教育訓練をする必要があります。

[解説]

　従業員を解雇する場合、次のいずれかを行うことが義務付けられています（労基法20条）。

　　(1) 少なくとも30日以上前に予告すること
　　(2) 平均賃金の30日分以上の解雇予告手当を支払うこと

　30日未満の予告は、30日との差額を解雇予告手当として支払います。たとえば、10日前に解雇予告をするのなら、30日－10日＝20日分の解雇予告手当を支払うことになります。

　この解雇予告制度が適用されない場合として、「試用期間中の従業員の解雇」がある（労基法21条）のですが、これは雇い入れから14日以内に限定されています。就業規則で試用期間を3か月とか6か月と定めていても、雇い入れの日から14日が経過すれば、解雇予告制度が適用されることになります。

　一度や二度の面接で能力や適性を見抜くのは難しいものですから、試用

期間を設けて、その間に教育しながら本採用を決めるとしている会社は多いです。試用期間中の解雇は、正社員の解雇より比較的認められやすいですが、「解雇」であることには変わりありません。特に理由もないのに、本採用を拒否するというのは認められません。面接時には予想できなかった事実が判明したといった理由が必要です。

　試用期間は、教育や指導をする期間でもあります。十分に教育を行い、不適格性があれば具体的に指摘しましょう。それでも改善されず、従業員として不適格であることを示せば、解雇の有効性は高まります。

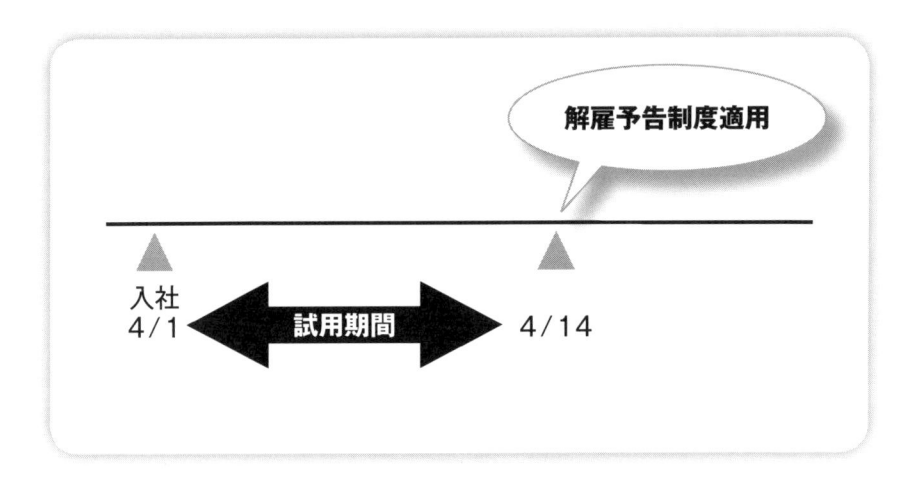

```
                              解雇予告制度適用

──────────────────────────────────────────
     ▲                         ▲
    入社      ←── 試用期間 ──→
    4/1                       4/14
```

事例 14

解雇予告手当狙い

　従業員8人のデザイン会社Aの代表です。業績が伸びて忙しくなったので、事務員としてBさんを採用しました。とても感じがよく頑張ってくれそうだったのですが、入社14日を過ぎてから態度が豹変しました。挨拶や返事もせず、なかなか仕事にとりかかりません。他の従業員が忙しくしているときに、電話もとらないのでつい「やめてしまえ」と言うと、「解雇ですね」と言われました。当社は試用期間を2ヶ月と定めています。しかし、14日を過ぎているので、納得いきませんが、平均賃金30日分の解雇予告手当を支払うことになりました。あとからBさんの履歴書の職歴をよく見てみると、1ヶ月程度で職場を転々としています。

失敗のポイント

解雇予告手当狙いを雇用してしまいました。試用期間の14日間を過ぎると、解雇予告制度が適用されるのを知っていて、14日を過ぎてから「やめろ」と言われるのを待っているのです。

正しい対応

職歴を確認しておくべきでした。解雇予告手当狙いの人は、職歴を詐称していることも考えられます。その場合には、面接時には想像できなかった「経歴詐称」が発覚したということで、懲戒解雇の可能性があります。

[解説]

　試用期間中であっても、14日を超えて引き続き雇用されている場合には、解雇予告制度が適用されます。少なくとも30日前に解雇予告をするか、平均賃金の30日分以上の解雇予告手当を支払わなくてはなりません。

　残念なことですが、会社を転々とし、14日仕事をしては態度を豹変させ、解雇予告手当をもらおうとする解雇予告手当狙いも存在します。14日を過ぎると解雇予告制度が適用されることをわかっていて、「クビだ」という言葉を引き出そうとするのです。解雇予告手当狙いを採用してしまった会社は、泣く泣く解雇予告手当を支払うことになります。

　こういった事態を避けるためには、前職の雇用保険被保険者証を提示させて、雇用されていた期間を確認します。短期間で会社を辞めては他社に就職することを繰り返しているようなケースでは、履歴書の職歴を偽っていることがありえます。

　経歴を詐称していたことが発覚した場合、就業規則の懲戒解雇事由に該当していれば、懲戒解雇も認められやすいでしょう。解雇予告除外認定を受けて、解雇予告手当を支払うことなく、解雇します。その場合も、従業員の発言や行動、会社側の指導について記録をしておきましょう。

事例 15

パート社員の雇い止め

飲食店Aを経営しています。このたび業績悪化のため人員を削減することにしました。1年間の雇用契約を4回更新してきたパート社員Hさんの5回目の更新をしないことにし、更新日の1週間前に伝えました。Hさんからは「解雇ではないか」との訴えがありました。

失敗のポイント ✕

契約更新日の直前に契約更新しない旨を伝えてしまいました。

期間の定めのある雇用契約であっても、契約更新を繰り返している場合は30日以上前に予告をしなくてはなりません。

また、正当な理由なく「雇い止め」をするのは、解雇権の濫用と判断されることもあります。

正しい対応

今回のケースは、4回も契約更新をしており、実質的には「期間の定めのない雇用」と同じです。Hさんは次も更新されるだろうという期待を持っています。雇い止めをするのであれば、30日以上前に予告をします。

[解説]

　契約社員やパートタイマーなどのように、期間を定めた労働契約が結ばれていれば、その期間が満了したときに退職となります。しかし、契約の更新を繰り返している場合は、実質的には「期間の定めのない雇用契約」と同じで、従業員は次も更新されることを期待します。3回以上更新しているか、1年を超えて継続雇用している場合は、あらかじめ更新がない旨を伝えているのでない限り、契約期間満了の少なくとも30日前に予告をしなければなりません。

　パートタイマーとの間で多いのがこの「雇い止め」のトラブルです。トラブルを未然に防ぐため、厚生労働省は「有期労働契約の締結、更新及び雇い止めに関する基準」を定めています。契約締結時に、更新の有無について、更新する場合の判断の基準について明示しておくことが必要です。

　また、正当な理由なく雇い止めをすることは認められません。契約更新

を繰り返していた場合は、「契約が満了したから」という理由で契約を終了させれば解雇権の濫用と判断されることもあります。

　判断の要素としては、次のようなものが挙げられます。
　　・業務内容が恒常的か、臨時的か
　　・契約上の地位が基幹的か、臨時的か
　　・労働条件が正社員とどの程度同じか
　　・継続雇用を期待させる言動があったか
　　・契約更新の状況と、手続きの状況
　　・同様の地位にある他の労働者の雇い止めの有無

事例 16

懲戒解雇による退職金の不払い

通信販売会社Aの人事担当をしています。従業員Mが顧客リストを不正に利用し、利益を得ていたことが発覚しました。お客さまから「個人情報の管理はどうなっているのか」とクレームが入り、謝罪広告を出すに至りました。わが社は、社会的信用の失墜につながる重大な事件とうけとめ、Mを懲戒解雇しました。その際、当然に退職金は支払わないこととしたのですが、Mは「就業規則には退職金不支給のことは書いていないから、もらう権利があるはず」と訴えてきました。

失敗のポイント

退職金不支給となる場合について就業規則等に定めているのでなければ、懲戒解雇であっても退職金を支払う義務が生じます。就業規則には、退職金の支給条件とともに不支給条件も明記しておくべきでした。

> **正しい対応**
>
> 今回のケースでは、退職金を支払わざるをえないでしょう。退職金不支給となる場合については、就業規則等にあらかじめ定めておく必要があります。また、規定があっても、全額没収できるとは限りません。損害の度合い等によって、没収額を決めます。

［解説］

　退職金自体は必ず支払わなければならないものではありませんが、就業規則等で支給条件をあらかじめ明確にしている場合には、支払義務が発生します。退職金を不支給とする場合を設けるのであれば、それについても定めておかなければなりません。

　ただし、就業規則等に不支給の条件を定めたとしても、懲戒解雇だからといって直ちに全額を不支給とできるわけではありません。退職金には賃金の後払い的な意味もあるためです。過去の判例では、退職金を全額不支給とできるのは、労働者に永年の勤続の功を抹消してしまうほどの不信があった場合に限られるとしています。（橋元運輸事件　昭和47.4.28　名古屋地裁）

　懲戒解雇の事由や損害の度合い、その従業員の会社への貢献度などを考慮して、どの程度減額するのかを決めるのがよいでしょう。

退職金の規定例

第〇条（退職金の不支給・減額・返還）

1. 就業規則〇条の規定により、所轄の労働基準監督署長の認定を受けて懲戒解雇された者には、この規程による退職金を支給しない。ただし、情状によって支給額を減じて支給することがある。

2. 退職金支給後に、懲戒解雇に相当する事由が発覚した場合は、支給した退職金の全額または一部を返還させる。

事例 17

契約期間中の解雇

システム開発会社を経営しています。契約社員のKさんとは、1年間の雇用契約を結んでいます。しかし、Kさんは協調性がなく、失敗があっても上司に速やかに報告をしません。連絡ミスも多いため、6か月で契約解除をすることにしました。すると、「残りの6か月分の給料を払ってほしい」と言われました。

失敗のポイント ✕

1年契約で雇用をしているので、その期間はKさんを雇用する義務があります。やむを得ない事由がなければ、契約期間の途中で解雇することはできません。解雇が認められたとしても、損害賠償を請求されてしまうおそれがあります。

> **正しい対応**
>
> 期間を定めて雇用契約をしている場合の途中での解雇は、正社員の解雇よりもさらに厳しく「客観的合理性・社会的相当性」を問われます。まずは解雇を回避する努力をしましょう。

[解説]

　期間を定めて雇用をしている場合、その期間の途中で解約することはできません。会社側から途中で解約できるのは、次のような場合です。

(1) やむを得ない事由がある場合（労働契約法17条1項、民法628条）
(2) 破産した場合（民法631条）
(3) 一方に履行遅滞がある場合（民法541条）

　やむを得ない事由に該当するかどうかは、個別の具体的な事情によって総合的に判断されますが、天災事変によって事業の継続が困難になった場合や、懲戒解雇に匹敵するような重大な義務違反があった場合等を指すと考えられます。
　有期労働契約は、契約で定めた期間について雇用を保障する前提で契約を結んでいますから、期間の途中での解雇は期間の定めのない労働契約の

場合の解雇よりも「合理性・社会通念性」がさらに厳しく判断されます。ですので、今回のケースのように「協調性不足」「ミスが多い」といった事由での解雇はかなり難しいでしょう。

また、やむを得ない事由によって解雇が認められたとしても、その事由が会社側の過失で生じている場合は、損害賠償を支払う必要があります。解雇がなければ得られたであろう「残り6か月分の賃金」が賠償額に相当すると考えられますが、実務上は話し合いによって、期間に応じた賃金額の一部を支払うことを合意することが多いようです。

今回のケースでは、まずはKさんに教育訓練・指導を行うなどし、解雇を回避するための努力が必要です。報告しやすい仕組み等を検討する必要もあるかもしれません。

事例 18

連絡がとれなくなった従業員の解雇

　リサイクルショップを経営しています。アルバイトのT君が、突然出てこなくなりました。電話を何回かけても留守電になってしまい、話をすることもできません。仕方なく、1週間後に辞めたものとして扱い、別のアルバイトを採用しました。

　それから1ヶ月近く経って忘れかけていたときにT君がひょっこり現れ、「また働かせてほしい」と言います。勝手に来なくなっていたのに、新たな職場で人間関係がうまくいかずに戻ってきたのです。その身勝手さに呆れ、「もう雇うことはできない」と伝えました。すると、「欠勤していただけで、辞めていない」と言い張ります。「解雇の通知を受け取っていないから、まだ雇われているはずです。今解雇するなら、解雇予告手当をください」とまで言ってきましたが、勝手なT君には何も支払いたくはありません。

```
9/1〜           9/8            9/28
行方不明        退職扱い        再び現れる
  ▲             ▲               ▲
                ▼
      連絡がとれないため本人には不達
```

失敗のポイント ✗

就業規則の懲戒解雇の事由、退職の事由として無断欠勤のことを規定していませんでした。解雇するには、解雇の意思表示が相手方に伝わっている必要がありますが、連絡がとれなかったのでそれもできませんでした。

正しい対応

懲戒解雇の事由に「無断欠勤が続いた場合」と規定しておきます。さらに、「退職の事由」として、「無断欠勤が14日以上続き、連絡がとれない場合」といった規定を定めます。

[解説]

　無断欠勤が続く従業員を解雇する場合、就業規則の懲戒解雇事由として「無断欠勤が14日以上続いた場合」等の規定を入れておけば可能です。ただし、この場合も客観的合理性・社会通念性は問われますので、個別具体的な事案について、さまざまな要素を総合的に判断することになります。

　従業員側の大きなミスによって懲戒解雇をするのですから、通常、解雇予告手当は不要ですが、労働基準監督署で「解雇予告除外認定」の手続きをする必要があります。認定がおりる基準は、原則として「2週間以上正当な理由なく無断欠勤し、出勤の督促に応じない場合」とされています。ですから、就業規則で無断欠勤が14日に満たない日数で懲戒解雇を規定していたとしても、認定がおりない可能性が高いと言えます。

　また、今回のケースではT君が再び現れましたので、解雇の意思表示を伝えることができますが、無断欠勤のままずっと連絡がとれない場合はどうしたらいいのでしょうか。

　行方不明になってしまった従業員は、解雇ができなくなってしまいます。なぜなら、解雇は、その意思表示が相手方に到達しなければ無効だからです。裁判所に掲示する「公示送達」という方法がありますが、労力と時間がかかるためあまり一般的ではありません。そこで、就業規則の退職の事由として「無断欠勤が14日以上続き、連絡がとれないとき」と規定しておきます。そうすれば、T君のようなケースも14日経過したところで当然に「退職」とすることができます。解雇ではありませんので、解雇予告手当も必要ありません。

懲戒解雇事由（事例02 就業規則に基づかない解雇参照）

・正当な理由なく無断欠勤が14日以上に及び、出勤の督促に応じなかったとき

退職の事由（事例19 休職から復帰できない従業員の解雇参照）

・無断欠勤が14日以上続き、その間連絡が取れないとき

公示送達とは

民事訴訟法上の送達の一種。

相手方の居所がわからない場合に、裁判所に公示送達の申立を行う。裁判所の掲示、官報への掲載をすることで、一定期間経過後に相手方に到達したものとみなす。（民事訴訟法第110条以下）

事例 19

休職から復帰できない従業員の解雇

　従業員5人の印刷会社です。長年勤めてくれていたNさんが病気で入院することになり、休職しました。就業規則に定めている休職期間は6か月で、復職できない場合は解雇としています。Nさんは6か月を過ぎても復職できないことがわかったので、残念ながら解雇することにしました。これまで会社に貢献してくれていたので可哀想ですが、私たちのような小さな会社は、待ち続けることはできません。休職期間満了の1週間前、わずかですが退職金を上乗せする旨を伝えると、「解雇予告手当はどうなりますか」と聞かれました。

失敗のポイント ✕

休職期間満了後の退職は、自然退職か解雇かのどちらかです。就業規則に期間満了時の定めがない場合は、解雇の手続きをすることになります。その場合は30日以上前に予告をするか、平均賃金30日分以上の解雇予告手当が必要となります。

正しい対応

就業規則に、休職期間満了で退職となることを規定しておきます。今回のケースのように定めがなかった場合は、少なくとも30日前に申し渡し、同意を取り付けておくようにします。

就業規則に休職期間満了時について規定がない場合

5/1 休職 （病気による入院）		10/31 休職から 6ヶ月
▲	▲	▲
	少なくとも 30日前に 同意を取り付ける	予告していない場合、 平均賃金 30日分以上の 解雇予告手当

[解説]

　休職とは、私傷病その他従業員側の都合によって、就労できないもしくは就労に適さないため、従業員の身分を維持したまま、一定期間就労を免除するものです。休職制度の導入は法律的な義務ではなく、会社の判断による恩恵的措置と言えます。休職期間を満了しても復職できない場合は、従業員の地位を失うことになります。

　休職期間を満了したときに、退職（自然退職）とするか解雇とするかは、就業規則の定めによります。

　退職の事由として「休職期間を満了し、復職できないとき」を規定している場合は、定年退職と同じように退職なのですから、解雇の手続きは必要ありません。当然に契約が解消されます。

　一方、解雇の事由として定めていた場合は、解雇予告制度が適用されます。すなわち、30日以上前に解雇予告をするか、平均賃金30日分以上の解雇予告手当が必要です。

　解雇はトラブルに発展しやすくリスクがありますので、退職の事由になっていない場合は、見直しましょう。

　今回のケースでは解雇としていましたので、30日以上前に申し渡し、同意を取り付けるようにするのがいいでしょう。

規程例

第○条　(退職)

社員が次の各号の一に該当するに至ったときは、その日を退職日とする。

・社員が書面で退職を願い出て会社が承認をし、退職日が到来したとき
・定年に達したとき
・死亡したとき
・期間を定めた契約をしている社員の契約期間が満了したとき
・休職期間が満了し、復職できないとき
・無断欠勤が14日以上続き、その間連絡が取れないとき
・経営上の都合により退職勧奨に本人が応じたとき

事例20

解雇の撤回

　サービス業の会社を経営しています。当社の従業員Sは勤務態度が悪く、何回注意しても遅刻します。取引先との約束の時間も守らず、一度始末書を書かせたのですが改善が見られないため、即日解雇を言い渡しました。しかしSは「解雇は困る。働き続けたい」と粘り、話し合いの結果、「今後も改善が見られない場合、次は解雇する」という条件で1か月後に解雇の撤回をしました。

　解雇を言い渡した日から解雇撤回までの1か月間、Sは就労していませんから、無給にしました。しかし、「自分には働く意思があったのだから、給料を支払う義務があるはず」と言われています。

失敗のポイント

従業員に明らかな非があり解雇が有効とされる場合は、会社側の温情で解雇を取り消したとしても解雇期間中の賃金を支払う必要はありませんが、合理的な理由が認められない解雇である場合、解雇期間中の賃金を支払わなくてはなりません。

正しい対応

今回のケースで、確かに従業員に非があるのですが、すぐに解雇とするのが有効と判断されるかは難しいところです。解雇が無効とされれば、Ｓさんが就労できなかった１か月間について賃金を支払わなければなりません。トラブルに発展するのを防ぐためにも、休業手当として平均賃金の60％以上を支払うのがいいでしょう。

[解説]

　一般に、裁判で解雇が無効とされた場合や、使用者が自ら解雇を取り消した場合には、解雇がなかったものとして取り扱われます。
　解雇を取り消すまでの間に、従業員が就労できなかった期間があれば、その分の賃金を支払わなくてはなりません。裁判で長期にわたって解雇を争うことがありますが、解雇が無効とされれば、会社はその間の賃金を支払うことになります。
　このとき支払うべき賃金は2つの考え方があります。

民法の考え方

　民法では、「債権者の責めに帰すべき事由によって債務を履行することができなくなったときは、債務者は、反対給付を受ける権利を失わない」と定めています(民法536条2項)。
　解雇が使用者の責めに帰すべき事由によるのであれば、従業員は解雇されなかったら受け取れたであろう賃金を受け取る権利があるということになります。この考え方によれば、賃金の全額を支払わなくてはなりません。

休業手当の考え方

　労働基準法には休業手当の規定があり、使用者の責めに帰すべき事由で従業員を休業させたのなら、平均賃金の60％以上を支払わなければならないとしています。

　今回のケースで、解雇が有効とされるかどうかは微妙です。解雇は客観的合理性と社会通念相当性が問われ、その有効性は具体的な個別の事情を総合的に勘案して判断されることになります。仮に合理性がないと判断さ

れた場合には、解雇が取り消されるまでの期間について賃金を支払わなければなりません。さらなるトラブルに発展するのを防ぐためにも、Sさんには休業手当を支払うのが妥当でしょう。

解雇期間中に収入を得た場合

　解雇の有効性について長期間争い、最終的に解雇無効と判断された場合、労働者は解雇期間中の賃金を遡って請求することができます。その労働者が、解雇期間中にアルバイト等を行って収入を得ていたときは、どうなるのでしょうか。

　民法第536条第2項には、「自己の債務を免れたことによって利益を得たときは、これを債権者に償還しなければならない」とあります。これによると、解雇期間中に労働を免れていたことによって、他社から得た収入の分について、あとから支払を受ける賃金から控除されることになります。

　たとえば、本来得られるはずだった賃金が100万円で、アルバイトで得た収入が40万円だったとすると、100万円－40万円＝60万円を支払えばよいということです。

　ただし、アルバイトで得た収入が50万円だったとしても、やはり60万円を支払う必要があります。平均賃金の60％は支払う義務があるからです。

　裁判例では「債務を免れた利益としてこれを償還すべきだが、平均賃金の6割までの部分については償還の対象とすることは許されない」としています(いずみ福祉会保母配転・解雇上告事件　平成18.3.28 最高裁)。

MEMO

事例 21

解雇予告の取り消し

　通信系の会社を経営しています。当社の営業担当をしている従業員Dは、非常に成績が悪く、最近体調が悪いようなそぶりも見せるため、20日後の日を指定して、解雇を言い渡しました。10日分の解雇予告を支払うつもりです。

　その後数日して、Dは案件を受注したこともあり、まじめに勤務しているので「やっぱり辞めなくていいよ」と伝えました。すると、Dは「今さらそんなことを言われても困ります」と拒否してきました。解雇予告を撤回したいのですが……。

失敗のポイント

　解雇予告は、使用者側からの一方的な労働契約解約の意思表示ですので、相手方に到達した時点で成立し、取り消すことができません。従業員が自由な判断によって、解雇予告取り消しに同意した場合は取り消すことができます。

正しい対応

解雇予告を取り消したいのであれば、Dさんと話し合って納得してもらうことが必要です。同意を得られなければ、解雇予告を取り消すことはできませんから、当初の予定どおり解雇予告手当を支払い、適正な手続きをとらなければなりません。

［解説］

　使用者からの一方的な労働契約解約の意思表示としての解雇は、従業員に到達した時点で効力が発生します。原則として、従業員の同意がないかぎり撤回することはできません。民法では解除権を行使する意思表示は撤回することができないとしています（民法540条2項）。使用者が一方的に解雇予告を取り消すことができれば、従業員の法律的地位が不安定になるからです。ただし、従業員が自由な判断によって合意をすれば、撤回することができます。

　「やっぱり辞めなくていいよ」といった安易な解雇予告の撤回では、従業員は不信感を持つでしょう。継続して働いてもらうのであれば、話し合って納得を得ることが必要です。

事例22

諭旨解雇の勧告をしたのに退職しない

　通信講座の教材制作をしているＹ社の代表をしています。編集を担当している従業員Ｄが、他社の教材やWEBサイトからコンテンツを盗用していたことがわかりました。当社の信用を著しく傷つけましたので懲戒解雇に相当しますが、社内のチェック体制に不備もあったことから、諭旨解雇としました。自ら退職届を出すように言い、退職金の減額もしないことにしました。

　ところが、Ｄは１週間経っても退職届を出しません。納得がいっていないのかもしれません。今から懲戒解雇に変更することは可能でしょうか。

> **失敗のポイント ✕**
>
> 諭旨解雇の勧告後、退職届を提出しない場合には懲戒解雇する旨を規定していませんでした。規定がないまま懲戒処分の種別をあとから変更するとトラブルになります。

> **正しい対応**
>
> 退職届を出す締切日や方法等を明確にしておきましょう。期日を過ぎても退職届の提出がない場合は、懲戒解雇とする旨を就業規則に定めておきます。今回は、書面にて期日を告知し、それまでに退職届を出すよう促しましょう。

［解説］

　諭旨解雇とは、懲戒解雇に相当するような非違行為があった従業員に自ら退職届を出すように勧告し、退職させることを言います。懲戒処分の一つであり、就業規則に規定している場合のみ行うことが可能です。懲戒解雇は、退職金が不支給になったり、履歴書の重要な賞罰経歴となりますので、本人にとって不利益が大きくなります。そこで、本人が反省している

等情状を考慮し、懲戒解雇より一つ軽い処分にするのです。会社にとっても、懲戒解雇は「不当解雇」としてトラブルになる可能性があるため、本人に退職届を書いてもらったほうがリスクが低くなるメリットがあります。また、解雇ではないので、解雇予告手当を支払う必要がありません。

諭旨解雇の勧告があったら、従業員は自発的に退職届を書いて提出することになります。しかし、なかなか退職届を提出しない者がいた場合はどうしたらいいでしょうか。

そういったことに対応するため、就業規則に「勧告から3日以内に退職届を提出しない場合は、懲戒解雇とする」といった規定を入れておきましょう。退職届を出すよう勧告しただけでは、具体的にいつまでにどこに出せばいいのかわからないかもしれません。トラブルを防ぐために、退職届提出の方法を明確にしておきます。

なお、一度懲戒処分した件に関して、再度懲戒処分をすることはできません。たとえば、従業員が違反行為を行った月に減給の制裁を行い、翌月にまた降格処分をするということはできません。一つの行為に罰は一つなのです。懲戒処分は十分に慎重に行ってください。

規定例（懲戒解雇事由以外の懲戒事由）

第○条　（懲戒事由）

　従業員が次の各号の一に該当するときは、けん責、減給、出勤停止、降格とする。ただし、違反行為が軽微である場合、情状酌量の余地がある場合等には、会社の判断により戒告にとどめることがある。

1. 就業規則その他付属の規定を遵守しないとき、または違反したとき
2. 正当な理由なく無断欠勤、無断の遅刻、早退、私用外出等をしたとき
3. 正当な理由なく業務命令に従わないとき
4. 勤務に不熱心で向上が見られないとき
5. 素行不良で会社内の秩序又は風紀を乱したとき
6. 役員、従業員の名誉・信用を著しく毀損するような言動があったとき
7. 誹謗中傷等によって会社の名誉・信用を傷つけたとき
8. 故意又は過失により会社に損害を与えたとき
9. 経歴・資格を偽って雇用されたとき
10. 不正な経費の処理をしたとき
11. 許可なく職務以外の目的で会社の施設、物品等を使用したとき
12. 飲酒運転をしたことが明らかになったとき
13. 酒気を帯びて就業したとき
14. 会社の秘密を外部に漏洩したとき
15. セクシュアルハラスメント、モラルハラスメントに該当する行為があったとき
16. 許可なく他の企業・団体等に就業し、また自ら営業を行ったとき
17. ウェブサイト、ブログ等の情報発信ツールを利用し、むやみに会社の業務に関する情報や取引先の情報等を掲載したとき、または会社からの削除要求に応じなかったとき
18. 就業時間中に業務と無関係なメールの送受信、ウェブサイト

の閲覧等を行ったとき
19. 許可なく会社内でビラを配布し、または署名を求めたとき
20. 身だしなみの乱れを頻繁に指摘され、改善が見られないとき
21. その他前各号に準ずる程度の不適切な行為があったとき

事例23

懲戒処分決定までの自宅待機

　都内で小売店を経営しています。先日、レジの現金から約20万円がなくなるという不祥事が発生しました。その日レジを担当していたのは従業員Kで、他の従業員は触っていません。Kの身内の者が出入りしたのを目撃したという情報はあります。いずれにしても、レジの現金についてKには責任があります。

　処分を決定するには調査が必要なので、Kをしばらく自宅待機させることにしました。自宅待機の間、無給としていたら「処分が二重になるのではないか」と抗議されました。

失敗のポイント ✕

懲戒処分が決定するまでの間「自宅待機」させる業務命令は、懲戒処分としての「出勤停止」とは違います。自宅待機の場合は、その期間中の休業手当を支払わなくてはなりません。賃金を支払わずに「出勤停止」させ、他の懲戒処分を行えば「二重処分」だと指摘されてしまいます。

正しい対応

懲戒処分を決定するまでの間、自宅待機させる場合には賃金または休業手当として平均賃金の60％以上を支払います。

不正行為の再発や証拠隠蔽のおそれがある場合には、就業規則に基づき、無給とすることが認められるケースもありますので、就業規則にその旨を定めておきましょう。

[解説]

懲戒解雇に相当するような重大な違反行為があった場合などに、調査のためや職場秩序維持のために一定期間自宅待機させることがあります。このときトラブルになるのは、自宅待機期間中の賃金です。

結論から言うと、自宅待機期間中は賃金または休業手当を支払わなくてはなりません。処分が決まるまで従業員を自宅で待機させるのは、懲戒処分としての出勤停止とは根本的に異なるのです。

　懲戒処分としての出勤停止は、一定期間の出勤を禁止することで「自宅謹慎」とも呼ばれます。出勤停止期間中は就労していませんから、賃金は支払われません。出勤停止処分は就業規則の懲戒規定に基づき、実施することになります。

　懲戒処分は「二重処分の禁止」といって、1つの事案について2つの処分を科すことはできないという原則があります。今回のケースのように、懲戒処分を決定する前置処置としての自宅待機が認められるためには、会社は賃金（休業手当）を支払う必要があります。

　ただし、不正行為の再発、証拠隠蔽のおそれなどの緊急かつ合理的な理由がある場合には無給とすることが可能です。実際は個別的に慎重に判断する必要がありますが、就業規則には「懲戒解雇事由に該当する違反行為があった場合の自宅待機期間中の賃金は、原則として支払わない」などの規定を入れておくとよいでしょう。

規定例

第○条　（自宅待機）

1. 従業員に懲戒事由に該当する違反行為があった場合、またはあったとの疑いがある場合で、調査・処分決定までに時間が必要である場合、会社は自宅待機を命ずることがある。
   自宅待機を命ぜられた者は、勤務時間に該当する時間帯は自宅に待機し、会社が出社もしくは連絡を求めた場合には直ち

にこれに応じる義務があるものとする。自宅待機期間中は通常の賃金の60％を支払う。

2. 前項の規定にかかわらず、懲戒解雇事由に該当する違反行為があった場合、あったとの疑いがある場合、または不正行為の再発および証拠隠蔽のおそれがある場合において、自宅待機期間中の賃金は原則として支払わない。

事例 24

始末書を提出しない従業員への懲戒

　WEB制作会社を経営しています。従業員Tが取引先に契約を結びに行く途中、契約書を入れていた封筒を紛失しました。始末書を提出させて、反省を促そうとしたのですが、「まだ契約を結ぶ前だったのだから、それほど悪いわけではない」と言って始末書の提出を拒否しています。始末書提出拒否に対して減給や降格等の懲戒処分を行おうと思います。

失敗のポイント

　一般的に始末書は、本人の良心の自由に関わる問題を含んでおり、反省や謝罪を強制的に書かせることはできないとされています。始末書の不提出を理由とする懲戒処分は、個人の意思の自由を侵害するものとして無効とされた裁判例が多くありますので注意が必要です。

> **正しい対応**
>
> 本人が反省や謝罪を書きたくないのであれば、具体的事実を述べた報告書を提出させます。その報告書提出を拒否した場合は、業務命令に従わないということで懲戒処分が可能です。

[解説]

　懲戒処分としてのけん責は、多くの場合同時に始末書の提出を求めます。不始末の内容、反省や謝罪の言葉、今後の対応策などを書かせるのです。従業員からの始末書提出をもって、一つの懲戒処分が完了することになります。しかし、本人が懲戒処分に不服がある場合、始末書の提出を拒むことがあります。こうした場合、一般的には始末書提出拒否を理由に懲戒処分を行うことはできません。反省や謝罪を書くということは、本人の良心に基づくものであって、強制することはできないからです。

　裁判例では「個人の意思を尊重する現行法の精神からいって、これを、その不提出に対し懲戒処分を加えることによって、強制することは許されないものというべきである」としています（甲山福祉センター事件　昭和58.3.17　神戸地裁）。また、同じ裁判例で始末書提出は反省を促すためのもので、業務命令とは言えないことから、提出拒否を理由に懲戒処分はで

きないともしています。つまり、始末書の提出命令は、業務命令ではないことと、個人の意思の自由尊重の2点から、提出拒否を理由とした懲戒処分ができないとされているのです。

すべての裁判例が始末書提出拒否を理由とする懲戒処分を無効にしているわけではなく、個別具体的に判断されますが、一般的には無効とされるリスクが高いと言えます。

今回のケースのように、従業員が始末書の提出を拒否した場合には、事実の顛末を報告する「報告書」を提出させるようにしましょう。報告書として書かせるのであれば、業務命令として行うことができます。そして、業務命令に従わない場合は、就業規則に基づいて懲戒処分を行うことが可能です。

平成○年○月○日

代表取締役　　　　　殿

営業部　　　　　印

始末書

　私は平成××年××月××日に××に関する社の機密事項を含む重要書類を紛失し、業務に支障をきたしました。
　これは、私の不注意が原因で生じたものであり、日々細心の注意を心がけていれば起きなかったことであり、大変反省しております。現時点ではとくに具体的な損害が発生していないとはいえ、次第によっては会社に重大な損害を与えかねませんでした。今後は二度とこのような不始末を繰り返さないように十分注意することをここに誓います。

このたびの不始末に関して、本始末書をもって深くお詫びいたします。

　　　　　　　　　　　　　　　　　　　　　　　　　以上

　　　　　　　　　　　　　　　　　　　　平成○年○月○日

代表取締役　　　　　　殿

　　　　　　　　　　　　　　　　　営業部　　　　　印

報告書

　このたび、私が○○社との契約書を紛失した件につきまして以下にご報告します。

1. 紛失日時　　平成　年　月　日　時頃
2. 紛失場所　　○○社へ向かう途中の電車の中
3. 紛失物　　　○○社取引契約書2通
4. 原因　　　　鞄に入れず、紙の手提げ袋に入れて所持していたが、手提げ袋ごと紛失しました。
5. 対応　　　　○○社の印鑑をもらう前だったため、新たに契約書を作成しました。

　　　　　　　　　　　　　　　　　　　　　　　　　以上

MEMO

事例 25

10万円の賃金カット

　精密機器メーカーの人事担当をしています。先日、従業員Jが個人的なブログに会社や取引先の悪口を書きこんでいることが発覚しました。実名ではありませんでしたが、見る人が見れば特定できてしまいます。懲戒処分として今月の賃金を10万円カットしました。本当はそれでも足りないくらいだと感じています。しかし、Jから「3分の1もカットされたら生活ができない。働いているのに、10万円も支払われないのは違法ではないのか」と抗議されました。Jの賃金は月額30万円です。

失敗のポイント

　1回の不祥事につき、1日分の平均賃金の半分が減給の上限です。Jさんの平均賃金を1日1万円とすると、5,000円が限度となります。

　また、減給の制裁を含め、懲戒処分は就業規則に規定されていなければ行うことができませんので、その前提もあわせて確認してください。

> **正しい対応**
>
> 就業規則に、減給の制裁について上限とともに明確に規定しておきます。従業員が会社や取引先の誹謗中傷をネット上に書き込むのを防ぐには、守秘義務や誠実勤務義務を負っていることを説明し、誓約書を交わしておきます。

[解説]

　まず確認しなくてはならないのは、懲戒処分は就業規則に定めがなければできないということです。規定がないのに処分を行った場合は、処分自体が無効と判断されるおそれがあります。

　今回のケースでは従業員Jさんに対し、「減給」の懲戒処分を行ったわけですが、就業規則に規定されているのでなければ、減給の処分自体ができません。就業規則にきちんと規定されている場合でも、無制限に賃金カットができるわけではありません。

　就業規則で労働者に対して減給の制裁を定める場合は、「1回の額が平均賃金の1日分の半額を超え、総額が一賃金支払期の賃金総額の10分の1を超えないこと」という制限があります（労働基準法91条）。従業員の生活がありますから、一度の大幅な賃金カットをしないように決められているの

です。これに則って、就業規則に「1回の事案に対する額が平均賃金の1日分の半額、総額が1か月の賃金総額の10分の1の範囲で減給を行う」と規定している場合、Jさんは平均賃金1日1万円ですから、1回の不祥事で5,000円の賃金カットが限度となります。複数の不祥事があった場合には、3万円までのカットです。1回の不祥事で10万円もの賃金カットは違法と言えます。

従業員がインターネット上に会社や取引先の誹謗中傷を書き込むのを防ぐため、誓約書を交わしましょう。雇用契約を結んでいる以上、従業員は当然に守秘義務や誠実勤務義務を負っています。しかし、会社の考え方は説明することは大切です。

また、ブログの開設自体はプライベートな行為ですので禁止することはできませんが、会社の機密情報、内部情報、誹謗中傷を書き込めば、懲戒処分の対象となることも就業規則に明記しておく必要があります。

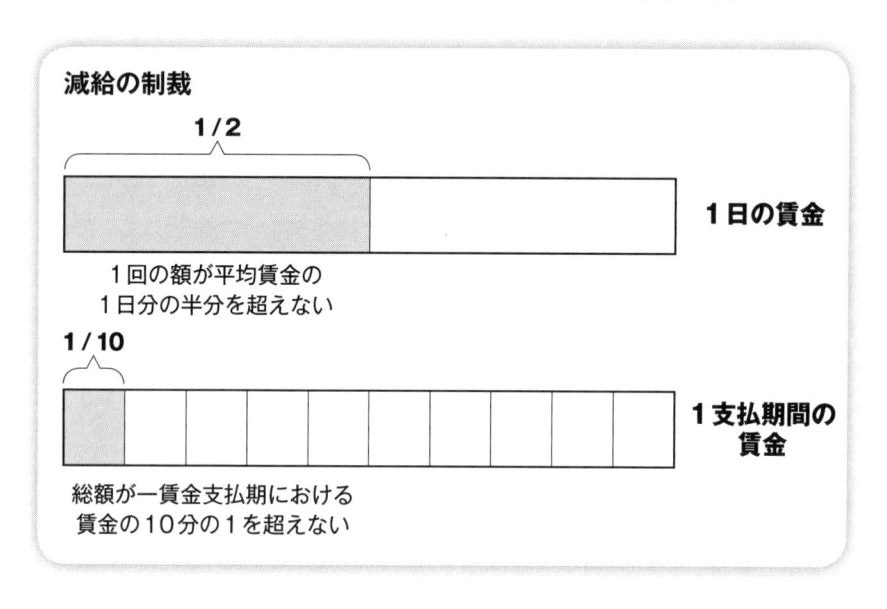

減給の制裁

1/2

1日の賃金

1回の額が平均賃金の
1日分の半分を超えない

1/10

1支払期間の賃金

総額が一賃金支払期における
賃金の10分の1を超えない

秘密保持に関する誓約書（入社時）

○○株式会社
代表取締役　　　　　　　　殿

　私は、貴社に入社するにあたり、以下の事項を遵守することを誓約いたします。

第1条（秘密保持）
　私は、貴社就業規則ほか付属の規定を遵守し、如何なる方法をもってしても、以下に示される秘密情報を開示、漏洩もしくは使用することなく、守秘することを誓約いたします。

1. 製品開発、製造及び販売における企画、技術資料、原価、価格等の情報
2. 財務、人事等に関する情報
3. 他社との業務提携に関する情報
4. 顧客情報その他貴社が保有する個人情報
5. その他貴社が特に秘密保持対象として指定した情報

第2条（退職後の秘密保持）
　貴社を退職した後においても、秘密情報について開示、漏洩もしくは使用しないことを約束いたします。

第3条（損害賠償）
　前各条項に違反して、貴社の秘密情報を開示、漏洩もしくは使用した場合、法的な責任を負担するものであることを確認し、これにより貴社が被った一切の損害を賠償することを約束いたしま

す。

　　　　年　　月　　日

　　　　　　　　　　　　住所
　　　　　　　　　　　　氏名

　　　　　　　　　　　　　　　　　　　　　印

事例 26

遅刻2回で欠勤1日とする定め

　飲食店の経営をしています。当社では以前より遅刻2回を欠勤1回として扱うことを就業規則に定め、そのように扱っています。遅刻とは、4時間未満の遅れのことを言っています。

　先月、従業員Nが5分程度の遅刻を2回したので、1日欠勤扱いとし、通常の賃金を1日分控除しました。すると、厳しすぎるのではないかと抗議されました。

✕ 失敗のポイント

　賃金カット額が大きすぎます。減給は、1回の事案につき平均賃金の半分までが限度です。2回の遅刻で1日分の賃金カットでは限度額を超えてしまいます。就業規則に規定しているとのことですが、早急に改める必要があります。

> **正しい対応**
>
> 減給の制裁には上限がありますので気をつけましょう。遅刻２回で欠勤１日とすると、平均賃金の半分を超える賃金カットとなってしまうので、「遅刻３回で欠勤１日」などに改めます。遅刻が複数回あったとしても、一賃金支払期では平均賃金の10分の１が限度となります。

[解説]

　遅刻・早退・欠勤など従業員が就労していない時間については、賃金を控除することができます。これを「ノーワーク・ノーペイの原則」と言います。5分の遅刻に対して、5分に相当する賃金カットをすることは何ら問題がありません。しかし、5分の遅刻に対して30分に相当する賃金カットをすることは、賃金の全額払いの原則に違反します。

　行政解釈では、「5分の遅刻を30分の遅刻として賃金カットをする処理は、25分のカットについては、賃金の全額払いの原則に違反し違法である。ただし、このような取り扱いを就業規則に定める減給制裁として、法第91条の制限内で行う場合は、全額払いの原則に反しない」とされています。就労していない時間を超えて賃金カットを行うのは、減給の制裁としてなら可能というわけです。

減給には上限があり、「1回の額が平均賃金の1日分の半額を超え、総額が一賃金支払期の賃金総額の10分の1を超えないこと」とされています（労働基準法91条）。
　今回のケースでは、2回の遅刻で1日欠勤扱いということですので、賃金カットの額が上限を超えてしまいます。平均賃金は、通常の勤務日に支払われる1日分の賃金よりも低くなるからです。

※平均賃金＝算定事由発生日以前3か月に支払われた賃金の総額／その期間の総日数

　現状では違反になっていますから、早急に改める必要があります。3回の遅刻で1日欠勤扱いということならいいでしょう。さらに一賃金支払期において複数回の遅刻があった場合、賃金カットは1か月の賃金の10分の1が限度ですので、この点も気をつけなければなりません。
　また、直接賃金を減額するのではなく、人事考課に反映させる方法もあります。たとえば賞与の計算の際に、2回の遅刻について1日分欠勤とみなすのであれば問題はありません。

ノーワーク・ノーペイの原則

　労働者の労務の提供がないときには賃金を支払う義務はなく、労働者も賃金を請求する権利を持たないという考え方を「ノーワーク・ノーペイの原則」と言います。
　従業員が遅刻・早退・欠勤をしたときに、その時間に応じて賃金をカットするのは適法です。ただし、遅刻控除や欠勤控除を行うには、日給月給制を採用していることを前提としています。完

全月給制の場合は、労働日数や労働時間数などに関係なく、月単位で賃金を決定しているので、遅刻等の不就労時間分も控除しません。

　また、労働者の責めによらない交通事故、交通スト、天災事変で出勤できない場合についても、使用者の責めに帰すべき事由がないとして、ノーワーク・ノーペイの原則が適用されます。

　ただし、交通ストなどの場合に会社が賃金を保証する旨の定めがある場合には、賃金を支払う義務が出ます。

MEMO

事例 27

派遣社員への懲戒処分

　私はファッション小物のインターネット通販会社を経営しています。当社には派遣社員が数名いるのですが、その中のTさんがトラブルを起こしました。伝票の送信先を大量に間違え、取引先や顧客からクレームが届き、たいへんな騒ぎとなってしまいました。注意をしても反省している様子がなく、今後も大きなミスをしでかすのではと心配になり、懲戒解雇処分を命じましたが、Tさんは「社長に私を解雇することはできませんよ」と言われました。何か問題があったのでしょうか。

失敗のポイント

　派遣社員を雇用しているのは派遣元ですから、派遣先が派遣社員を懲戒処分することはできません。派遣先が派遣社員を辞めさせるのは、解雇ではなく契約解除です。契約解除の場合も、正当な理由がなければ派遣契約期間内に契約解除することはできません。

> **正しい対応**
>
> 派遣元との派遣契約に基づいて、代替派遣を求めるなどの措置をとることになります。派遣社員の仕事ぶりが通常期待されるものよりも著しく劣る場合は、派遣元と合意のうえで、派遣契約を解除することもできるでしょう。

[解説]

　労働者派遣とは、派遣元が自己の雇用する労働者を、派遣先の指揮命令を受けて派遣先のために労働させる形態を言います。派遣社員は派遣元と雇用関係にあります。派遣先は、業務上の指揮命令、職場の秩序維持のための指導を行うことはできますが、懲戒の対象とすることはできません。

　派遣元と派遣先は、派遣契約を締結しています。派遣元は、派遣先からの依頼により、要望されているスキルを持った人材を派遣し、その対価として派遣先は派遣元に報酬を支払います。ですから、期待していたサービスを著しく下回っていれば、派遣契約の債務不履行として契約解除ができます。ただし、いきなり契約解除を申し入れるのではなく、別の派遣社員への交代等の措置をとるのが一般的です。

　派遣社員のミスについては、まずは防止のための対策を派遣元と相談し

ながら講じます。そして、派遣契約に基づいて、派遣社員への厳重注意や代替派遣を検討しましょう。

なお、実際に損害が発生した場合には、派遣元と派遣社員に対し、損害賠償請求をすることはできます。

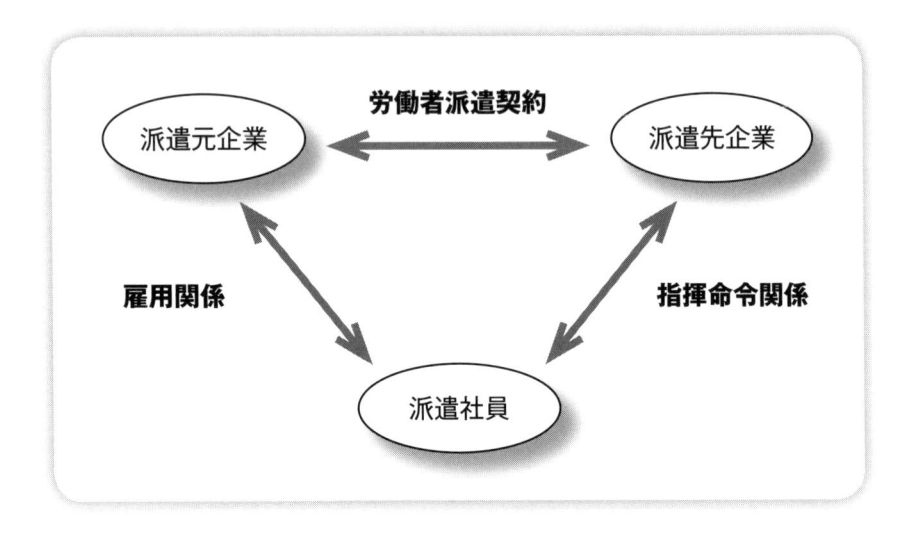

```
        労働者派遣契約
派遣元企業 ⇔ 派遣先企業
      ↕          ↕
   雇用関係    指揮命令関係
         派遣社員
```

事例28

退職理由の見解が異なる

　建設業の会社の人事担当をしています。55歳になる従業員Rに、力仕事を伴う従前の職務ではなく他の軽微な業務へ配置転換をする旨伝えたところ、Rは退職を申し出ました。

　退職の手続きをし、自己都合による退職として離職票も発行したのですが、後日ハローワークからRは解雇だと主張しているとの連絡がありました。失業手当の手続きに行って、そのように言っているそうです。

　会社はRを解雇するつもりはなく、本人が退職すると言ってきたのですから自己都合退職で正しいはずです。解雇を争うことになったら、どうしたらいいのだろうと不安です。

失敗のポイント

退職届を書面でもらっていませんでした。退職は口頭であっても成立しますが、会社側と退職者との間で、離職理由の見解が異なるケースはよくあります。

今回のケースではRさんは不当解雇として解雇の取り消しや解雇予告手当を請求したいのではなく、失業給付の「特定受給資格者」となることを求めているのだと思われますが、トラブルを防ぐため退職届は書面にて提出してもらいましょう。

正しい対応

ハローワークに求められれば、資料の提出や会社としての理解と事実を説明するなどし、最終的に「離職理由」はハローワークの判断に委ねます。

今後はトラブルを防ぐため、退職届を書面で提出してもらうようにします。

[解説]

　離職理由が「自己都合」であるか「会社都合」であるかによって、離職者が受け取る失業給付には大きな差が出ます。自己都合である場合、原則として3か月間の給付制限がありますから、ハローワークで手続きをしてから最大3か月間は給付を受けられないことになります。また、支給される日数（トータルの金額）にも影響します。Rさんは「特定受給資格者」に該当すると主張したかったのではないでしょうか。

　「特定受給資格者」に該当するかどうかは、判断基準が雇用保険法施行規則にありますが、事業所の倒産や解雇だけでなく、かなり幅が広く設定されています。たとえば、「事業主が労働者の職種転換等に際して、当該労働者の職業生活の継続のために必要な配慮を行っていないため離職した者」は特定受給資格者に該当します。自宅から通えないような遠方での勤務を言い渡されるなど、実質的に勤務を継続できないような状況であれば、特定受給資格者となります。

　離職票に書かれている退職の事由が「自己都合」であっても、離職者は「会社都合」だと思っていて、そう主張するケースはよく見受けられます。トラブルを避ける一つは、退職届を書面で提出してもらい、記録を残しておくことですが、「退職届を書かされた」と主張されることもあるでしょう。できるだけ客観的資料をとっておきましょう。

　離職理由は最終的にハローワークが判断します。会社としては、退職までの経緯を事実に即して説明するしかありません。

　なお、Rさんは労働基準監督署へ駆け込んだわけではありません。今回、ハローワークがRさんの主張により「会社都合の離職」と認めたとしても、会社に不都合が起こることはありません。解雇無効、解雇予告違反を争う場合は、ハローワークとは別の判断になります。ただし、助成金の受給に

は影響がある場合があります。

特定受給資格者の範囲（抜粋）

I 「倒産」等により離職した者
(1) 倒産に伴い離職した者
(2) 事業所において大量雇用変動の場合（1か月に30人以上の離職を予定）の届出がされたため離職した者及び当該事業主に雇用される被保険者の3分の1を超える者が離職したため離職した者
(3) 事業所の廃止に伴い離職した者
(4) 事業所の移転により、通勤することが困難となったため離職した者

II 「解雇」等により離職した者
(1) 解雇（自己の責めに帰すべき重大な理由による解雇を除く。）により離職した者
(2) 労働契約の締結に際し明示された労働条件が事実と著しく相違したことにより離職した者
(3) 賃金（退職手当を除く。）の額の3分の1を超える額が支払期日までに支払われなかった月が引き続き2か月以上となったこと等により離職した者
(4) 賃金が、当該労働者に支払われていた賃金に比べて85％未満に低下した（又は低下することとなった）ため離職した者（当該労働者が低下の事実について予見し得なかった場合に限る。）

(5) 月45時間を超える時間外労働が3ヵ月続いた直後に離職した者、または事業主が危険若しくは健康障害の生ずるおそれがある旨を行政機関から指摘されたにもかかわらず、必要な措置を講じなかったため離職した者

(6) 事業主が労働者の職種転換等に際して、当該労働者の職業生活の継続のために必要な配慮を行っていないため離職した者

(7) 期間の定めのある労働契約の更新により3年以上引き続き雇用されるに至った場合において当該労働契約が更新されないこととなったことにより離職した者

(8) 期間の定めのある労働契約（当該期間が1年未満のものに限る）の締結に際し当該労働契約が更新されることが明示された場合において当該労働契約が更新されないこととなったこと（1年以上引き続き同一の事業主の適用事業に雇用されるに至った場合を除く）により離職した者

(9) 上司、同僚等からの故意の排斥又は著しい冷遇若しくは嫌がらせを受けたことによって離職した者及び事業主が職場におけるセクシュアルハラスメントの事実を把握していながら、雇用管理上の措置を講じなかった場合

(10) 事業主から直接若しくは間接に退職するよう勧奨を受けたことにより離職した者（従来から恒常的に設けられている「早期退職優遇制度」等に応募して離職した場合を除く）

(11) 事業所において使用者の責めに帰すべき事由により行われた休業が引き続き3か月以上となったことにより離職した者

(12) 事業所の業務が法令に違反したため離職した者

事例 29

メールでの退職届

　私はWEB制作会社の代表をしているAといいます。昨年入社したデザイナーのMさんから、「退職届」というメールが私のパソコンに届き、驚きました。「一身上の都合により、〇月×日にて退職したく、お願い申し上げます」とあります。当社の就業規則では、「退職希望日の14日前までに届け出ること」としており、Mさんは確かに14日前までに届け出ていることにはなるのですが、メールで送ってくるなんて非常識です。「こんな退職届は受け取れない」と伝えました。

失敗のポイント

　退職届は書面により提出することと就業規則に規定していませんでした。法令上は、退職届の形式は定められていませんから、メールだろうと口頭だろうと問題はありません。「書面ではないから受理しない」とすることはできません。

正しい対応

退職届は書面で残しておいたほうが、のちのちのトラブルを防げます。就業規則には「少なくとも◯日前までに、書面により退職届を会社に提出する」と規定しましょう。また、退職の意思を伝えることも、大切なコミュニケーションです。上司の顔も見ずに去っていくことを避けるために、日ごろから指導しておきたいものです。

[解説]

従業員の自己都合退職について、退職が本人の意思である限り、法令上その手段・形式は問いません。書面、口頭、メール、ファックスなど、どのような伝え方でも問題はないのです。ですから、今回のケースも「メールでの退職届は受理しない」と言うことはできません。

しかし、退職届は書面でもらうのがベストです。メールの場合、本当に本人が送っているのかという問題があります。悪意のある第三者が、なりすまして送っている可能性も否定はできません。また、受け取った側がメールの文章を加工することもできてしまいますし、そのメールを「見た」「見ていない」というトラブルの可能性もあります。法律上、意思表示は相手方に到達して初めて効力が発生します。

自己都合退職であったはずなのに、退職後に当人が「解雇された」と言っ

てトラブルになるケースはあります。そういう場合、退職の意思表示がわかるものが非常に重要です。自筆の退職届があれば、立証しやすくなります。

今回のケースでは、Mさんにはメールとは別に書面で退職届を書いてもらうよう交渉をするのがいいでしょう。Aさんの会社では、就業規則に退職届の形式を規定していませんでしたが、「書面により退職届を会社に提出する」と規定すれば従業員はこれに従う必要が出ます。

そして、従業員には退職が周囲に与える影響等を理解してもらい、メールで一方的に意思表示をするのではなく、早めに相談をするように指導・協力の呼びかけをすることが必要でしょう。

規定例

第○条（退職手続き）

　従業員が自己の都合により退職しようとするときは、少なくとも30日前までに書面により退職届を会社に提出しなければならない。

事例30

退職届を受理しない

アパレルショップを経営しています。ベテランのパートタイマーOさんが退職願を出してきたのですが、代わりをできる者もおらず、「受理できない」と言いました。Oさんは期間の定めのある契約ではなく、8年間このショップに勤めています。就業規則では、1か月以上前に退職届を出すように定めていますが、Oさんは退職希望日の3週間前に提出しました。

失敗のポイント

　　従業員が退職の意思表示をしているにもかかわらず、それを受け入れずに強制的に働かせることはできません。民法上は、従業員が退職を申し出て、使用者が認めない場合でも、2週間経過後に退職の効果が発生します。就業規則で、退職届を1か月以上前に提出することを義務づけている場合でも同様です。

> **正しい対応**
>
> Oさんからの退職は、法的には自由です。代わりをできる人がいなくて当面困るということであれば、後任者を早急に探しながら、Oさんには事情を話して、退職の時期について話し合うしかありません。Oさんの退職の理由がわかれば、改善策を提示することもできるでしょう。

［解説］

　退職には合意退職と辞職の2種類があります。合意退職とは、労使双方の合意に基づいて契約の解除をすることで、いわゆる「円満退職」です。合意退職の場合、従業員の解約の申し入れを使用者が承諾したときに退職が成立します。就業規則で「退職願は退職希望日の1か月前までに届け出ること」と規定しているのは、この合意退職に関する規定です。

　一方、辞職とは、従業員側からの一方的な解約のことです。民法では、期間の定めのない労働契約については、いつでも解約の申し入れをすることができ、「雇用は、解約申し入れの日から2週間経過することによって終了する」と規定されています（民法627条1項、2項）。つまり、会社側が従業員の退職を承諾しなかった場合、退職申し入れから2週間後に雇用契約を終了させることができるわけです。

退職者の代替要員の確保や引き継ぎのことを考えると、2週間前の退職申し入れでは十分ではないことが多いでしょう。ですから、退職届は1か月前に提出するように就業規則で規定するのです。

　今回のケースでは、Oさんは退職希望日の3週間前に退職届を提出していますから、会社の事情を話して、ルールどおり退職日を1か月後にできないか話し合うのがいいでしょう。

　Oさんから同意が得られれば問題ありませんが、同意してもらえなかった場合、一方的に退職届を受理しない、あるいは退職日の延期を行うことはできません。労働基準法では、強制労働の禁止について次のように定めています。

　「使用者は、暴行、脅迫、監禁その他精神又は身体の自由を不当に拘束する手段によって、労働者の意思に反して労働を強制してはならない」(労基法5条)。

　これに違反すると、労基法で最も重い罰則(1年以上10年以下の懲役または20万円以上300万円以下の罰金)が適用されます。

　就業規則で退職の予告期間を定める場合、必要以上にその期間を長くすることは退職の自由を制限することになるので認められません。たとえば、3か月前までに退職届の提出を義務付ける規定が無効とされた判例があります(プラスエンジニアリング事件　平成13.9.10東京地裁)。退職の予告期間は1か月前程度が妥当でしょう。

民法による退職日の考え方

労働基準法には労働者からの労働契約の解約について規定がありませんので、解約の効果が生じる日(退職日)については民法が適用されます。

民法627条
1. 当事者が雇用の期間を定めなかったときは、各当事者は、いつでも解約の申入れをすることができる。この場合において、雇用は、解約の申入れの日から二週間を経過することによって終了する。
2. 期間によって報酬を定めた場合には、解約の申入れは、次期以後についてすることができる。ただし、その解約の申入れは、当期の前半にしなければならない。
3. 六箇月以上の期間によって報酬を定めた場合には、前項の解約の申入れは、三箇月前にしなければならない。

　これによると、期間を定めない労働契約については、解約の申し入れの日から2週間後が退職日となるのが原則ですが月給者の場合は、月の前半に申し出をしなければ、その月には退職することができず(後半に申し出た場合は翌月の末日に退職の効果が生じます)、年俸制の場合は退職予定日の3か月前までに申し出をする必要があることになります。

事例31

引き継ぎをせずに辞める従業員

　不動産会社を経営しているIといいます。退職について当社の就業規則では、退職希望日の少なくとも30日前に退職届を提出することになっています。当社の従業員Kが、退職日の30日前に退職届を出してきました。やむなく承諾し、新たな人員を入れましたが、その後Kは休むことが多くなりました。引き継ぎもせずに辞めていくなんて信じられません。お客さまにも迷惑がかかりますし、とても困っています。業務引き継ぎが終わるまで、退職日を延ばしたいです。

失敗のポイント

　就業規則に、業務引き継ぎについて規定していませんでした。

　期間を定めない雇用契約の場合、退職は自由であり、会社が一方的に退職日を延期させるようなことはできません。年次有給休暇の消化についても、従業員には請求する権利がありますから、退職までの日について年休の取得を請求されれば、拒むことができません。

正しい対応

　就業規則には、退職前の業務引き継ぎについて規定し、適正になされない場合には退職金の全部または一部を支給しない旨を入れておきます。

　無断欠勤がある場合、退職希望日、または退職の申し出から2週間以内であれば、懲戒ができます。

[解説]

　期間の定めのない雇用契約を結んでいる従業員の退職は自由です。退職の申し出が使用者に承諾されれば、成立します。新たな人員を確保したり、業務の引き継ぎをするのに、ある程度の時間が必要ですから、就業規則に「退職日の30日前に申し出る」ことを規定している会社は多いでしょう。しかし、規定どおり従業員が30日前に退職を申し出ても、その後出社しないのであれば困ってしまいます。突然来なくなってしまえば、職場は混乱し、他の従業員の負担が著しく増加するなどの悪影響が出ます。

　そこで、業務引き継ぎについても就業規則に規定しておきましょう。たとえば「退職日から遡って少なくとも2週間は現実に勤務し、業務引き継ぎを完了させなければならない」といったことを定めます。

　残っている年休をまとめて消化してから退職するという話はよく聞きます。年休の請求は従業員に与えられている権利ですから、これを拒むことはできません。業務の正常な運営に支障が出る場合には、年休の取得時季を変更させる「時季変更権」が会社にはありますが、退職直前となると、変更先の日程がないのですから、それも難しいでしょう。就業規則に業務引き継ぎのことを規定し、ルールをわかってもらう努力をしても、強硬に年休消化しようとする従業員がいた場合、柔軟に対応せざるをえません。

　ただし、労働契約が存続している間は、従業員は誠実に職務を遂行する義務があると考えられています。会社にとって、引き継ぎを行って業務が滞りなく行われるかどうかは重要な問題です。業務引き継ぎを行わない場合は、退職金の全額または一部を支給しないといった規定を入れておくとよいでしょう。なお、単純に年休を取得したことを理由に退職金不支給にすることはできません。あくまでも業務引き継ぎの不履行があったという事実が必要ですので注意してください。

規定例

第○条（退職手続）

1. 従業員が自己の都合により退職をしようとするときは、少なくとも30日以上前に書面により退職届を会社に提出しなければならない。

2. 退職届を提出した者は、退職日から遡って少なくとも2週間は現実に勤務し、業務引き継ぎを完了させなければならない。引き継ぎを完了せずに退職する場合は、退職金の全額あるいは一部を支給しないことがある。

3. 従業員が業務の引き継ぎを行わないときは、会社はそれにより被った損害について賠償を求めることができる。

年休の買い上げ

　年次有給休暇を買い上げることは、労働者から休む権利を奪うことになるので、原則は禁止されています。しかし、法定休日を上回る日数分、従業員が年休の請求をしないまま2年の時効によって消滅した日数分については買い上げが可能です。

　退職時に、年休が未消化である場合は多いでしょうが、この残っている年休を買い上げることは問題ありません。退職前に残っている年休を消化したいという従業員がいた場合、業務引き継ぎを行ってもらうため、話し合いにより年休の買い上げを検討するの

も一つでしょう。

　買い上げ額は法律上制限がないため、会社が任意に定めることができます。一般的には、年休を取得した場合に支払われる額（通常の給与・平均賃金・標準報酬日額のいずれか）に準じて算出して決定します。

　ただし、従業員より退職時に未消化分の年休買い上げの請求があっても、これに応じる義務はありません。

事例32

契約期間中の退職

　食料品を販売している会社の総務人事です。パートタイマーAさんと6か月間の雇用契約を結んでいましたが、1か月も経たないうちにAさんが自己都合により1週間後に辞めたいと言ってきました。採用や教育のコストもあるし、要員計画を練り直す必要があるので困るのですが、「パートなのだから、退職は自由なはず」と主張され引き留めるわけにもいきません。どうやら、別の職場での採用が決まっているようです。

失敗のポイント

　有期労働契約について、よく理解していませんでした。期間を定めて雇用契約を結ぶ場合、その期間の途中で解約することはできません。契約時に、期間についてもきちんと説明しておくべきでした。

> **正しい対応**
>
> やむを得ない理由でない限り、Aさんは契約期間中に勝手に退職はできません。突然の退職で被った被害があれば、会社側は損害賠償請求ができます。しかし、現実的には難しいので、会社の事情を説明して話し合うようにします。

[解説]

　有期労働契約では、原則として契約期間中は使用者も労働者も途中で契約を解除することができません。従業員のほうから途中で辞めることができる場合は、次のとおりです。

（1）やむを得ない事由がある場合（民法628条）
（2）使用者が破産した場合（民法631条）
（3）一方に履行遅滞がある場合（民法541条）
（4）労働条件が事実と相違する場合（労働基準法15条2項）

　ケガや病気などやむを得ない事由でなく、今回のケースのように他の会社に就職したいといった場合、契約違反と言えます。それによって会社側が損害を被れば、その従業員に対して損害賠償請求ができます。ただし、

実際の損害額は微少なことが多く、あまり現実的でないでしょう。損害額としては、新たに人を募集するための費用や、他のパートタイマーに穴埋めをさせるときの時間外手当などがあります。

　Ａさんが辞めたいと思った原因を改善できるかどうか、新たな人員を採用し、引き継ぎをするまでとどまることができるかどうか等、会社の事情も説明しながら話し合いましょう。

事例33

パート社員の退職金

　雑貨店を経営しています。店舗のスタッフにはパート・アルバイトが多く、正社員である店長がマネジメントをしています。先日、6年もパートタイマーとして働いてくれたSさんが退職しました。Sさんは当社の就業規則を調べたらしく、退職金を請求してきました。私としては、パート・アルバイトには退職金を支給することを想定していなかったのですが、就業規則には勤続5年以上の従業員に退職金を支給する旨が書かれています。しかたなく、正社員と同等の退職金を支払うことになりました。

失敗のポイント ✕

就業規則（退職金規程）で退職金支給の対象範囲を明確にしていませんでした。パートタイマーに退職金を支給しないのであれば、そのように定めておく必要があります。また、平成20年4月1日に施行された改正パートタイム労働法では、パートタイム労働者を雇い入れたときに「昇給の有無」「退職手当の有無」「賞与の有無」について書面で明示することが義務づけられています。これに違反すると10万円以下の過料に処せられますので注意が必要です。

正しい対応

正社員とパートタイマーとの労働条件を分けている場合は、就業規則もそれぞれ作成します。パートタイマー向けの就業規則がない場合、どの規程は適用があり、どの規程は適用されないのか混乱し、トラブルになるおそれがあります。

[解説]

　パートタイマーやアルバイトには退職金を支給しないものとしている会社は多いでしょう。その場合、就業規則（退職金規程）で対象を明確にしておく必要があります。

　また、「パート」「アルバイト」「準社員」など呼び方はさまざまですが、従業員がそれぞれどの形態にあたるのかを明確にしておかないとトラブルに発展します。

　正社員とパートタイマーの労働条件を分けている場合は、それぞれの就業規則を作成するのがベストです。正社員向けの就業規則の「適用範囲」に「パートタイム従業員の就業に関し必要な事項については、別に定める規程によるものとし、この規則は適用しない」等と定めます。パートタイマー向けの就業規則を作成・変更しようとするときは、その事業所に雇用されているパートタイム労働者の過半数を代表する者の意見を聴くように努めることとされています（パートタイム労働法7条）。

　パートタイマーの重要性が高まっているのに対し、会社の労働条件は改善されていないことを踏まえて、平成20年4月に改正パートタイム労働法が施行されています。

　ここで言うパートタイム労働者とは、1週間の所定労働時間が同一の事業所に雇用される通常の労働者の1週間の所定労働時間に比べて短い者とされています。「パートタイマー」「アルバイト」「嘱託」「契約社員」「臨時社員」「準社員」など、名称の如何にかかわらず、これに当てはまる労働者であれば、「パートタイム労働者」としてパートタイム労働法の対象となります。

　労働者を雇い入れる際は、労働基準法の定めにより雇用期間・就業場所・

業務内容・始業終業時刻・所定労働時間・所定休日・賃金などの労働条件を文書で明示しなければなりませんが、パートタイム労働者の場合は、これらの事項に加えて、昇給・賞与・退職金の有無についても文書で明示することが義務付けられています。パートタイム労働者に退職金を支給しないのであれば、雇い入れる際にその旨を文書で明示しなければなりません。

事例34 退職願の撤回

　私は商社の人事部長をしています。先日、入社3年目の従業員Kから退職願が提出されました。退職希望日は来月末とのことだったので、30日以上はありました。所属長と社長を含め後任の件などを話し合い、会社としてKの退職を承諾する旨を伝えようとした矢先に、Kは退職願を撤回したいと意思表示をしてきました。

　所属長は、Kが簡単に退職する・しないと言って振り回すことに腹を立て、「一度退職願を出したのだから、撤回することはできない」と伝えたようです。Kは私に対して「まだ合意していないのだから、撤回できるはず」と抗議してきました。

失敗のポイント

所属長が感情的になって退職願の撤回はできないと伝えてしまいました。

退職願の提出による合意退職について、会社側がまだ承諾の意思表示をしていないのであれば、退職の合意が成立していないことになります。今回の場合は、退職願の撤回に応じなければならないでしょう。

正しい対応

退職願の提出は、労働契約の合意解約の申込みと解されていますので、会社が承諾の意思表示をしていない限り、従業員はその申込みを撤回することができます。すでに合意している場合は、従業員が退職願の撤回を申し出ても、これに応じる義務はありません。

［解説］

従業員の都合による退職は、辞職と合意退職の2種類があります。辞職とは、従業員からの一方的な意思表示によって労働契約を解約することを言います。辞職の場合は、意思表示が会社側に到達した時点で効力を生じ

ますので、原則としてこれを撤回することはできません。撤回するためには使用者の承諾が必要となります。

　一方、合意退職とは、従業員からの解約申し出に基づき、労使双方が合意をして労働契約を解約するものです。従業員からの退職届の提出が「辞職」の意思表示なのか「合意退職」の申込みなのか判然としないケースもあるかもしれませんが、裁判例によると「使用者の態度如何にかかわらず確定的に雇用契約を終了させる旨の意思が客観的に明らかな場合に限り、辞職の意思表示と解すべきであって、そうでない場合には、雇用契約の合意解約の申込みと解すべきである」とされています（株式会社大通事件　平成10.7.17　大阪地裁）。

　今回のケースでは、Kさんからの合意退職の申込みがあり、まだ会社として承諾の意思表示をしていないということですので、Kさんは退職願の撤回ができます。すでに承諾を伝えていたのであれば、合意退職が成立していますので、撤回に応じる義務はありません。

　なお、辞職であろうと合意退職であろうと、退職の意思表示が錯誤によるものである場合は無効となり（民法95条）、詐欺または強迫による場合は取り消すことができます（民法96条）。たとえば、懲戒事由が存在しないのに、懲戒解雇になるものと信じ込んで提出した退職願は、その意思表示に錯誤があるとして無効とされ、会社側が懲戒解雇処分がありえることを従業員に伝えて退職願を書かせたような場合は、強迫行為であるとして退職の意思表示を取り消すことが可能とされます。

事例 35

自宅待機中の 従業員からの退職届

　サービス業を行っている会社の人事担当をしています。

　明らかに懲戒解雇事由に相当する不祥事を起こしたＡという従業員がいます。調査を行う必要があるため、5日間の自宅待機を命じました。すると、Ａはこの自宅待機期間中に退職願を提出してきました。

　当社の就業規則では、懲戒解雇の場合は退職金を不支給としています。Ａは退職金をもらうために、懲戒処分が決定する前に退職願を提出してきたのだと思われます。私は受領を拒否しました。Ａは「私はまだ解雇されていないのだから、退職する権利がある」と主張しています。

失敗のポイント ✕

　Aさんの言うとおり、Aさんには退職する権利がありますので、退職願を受理しなければなりません。

　ただし、退職願には退職金を確定させる効力はありません。労働契約を終了させることができるだけであって、懲戒事由を取り消すことにはなりません。

正しい対応

　退職願を受理してAさんを退職させますが、懲戒事由に該当している事実に変わりはないため退職金は不支給となることを説明します。ただし、規程に「懲戒解雇に相当する事由がある者には退職金を支給しない」と定められていなければ、退職金を支払わざるをえないでしょう。

[解説]

　懲戒処分をおそれて、懲戒事由が発覚する前に自ら退職届を提出するケースもあるでしょう。期間の定めのない労働契約を結んでいる従業員はいつでも退職する自由がありますから、会社は退職届を受理しないわけにはいきません。たとえ懲戒解雇処分が決まっている従業員からの退職届でも、受け取らなければなりません。
　退職日については必ずしも従業員の指定どおりにする必要はなく、合意のもとで決定します。ただし、退職届提出から2週間が経過すれば、退職が成立します（民法627条第1項）。

　今回のケースでAさんは退職金の請求をするために退職届を提出したとのことですが、退職届の提出は、退職金支給を確定させるものではなく、あくまでも労働契約を終了させるものです。懲戒事由そのものは消えませんから、退職金を不支給とすることは可能です。
　ただし、就業規則（退職金規程）に不支給の要件が明確に規定されており、それに該当していることが必要です。「懲戒解雇になった者には退職金は支給しない」とあるだけでは、Aさんは結果的に懲戒解雇になっていませんので、退職金を支給せざるをえないでしょう。裁判例では「会社の就業規則に、懲戒解雇された者には退職金を支給しないとの規定はあるが、懲戒解雇に相当する事由がある者には退職金を支給しないとの規定はない」という理由で、懲戒解雇前退職者に、退職金の支払いを命じています（広麺商事事件　平成2.7.27　広島地裁）。

　今回は懲戒解雇処分が決定する前の自宅待機期間中の退職ですが、懲戒処分が発覚する前に退職した従業員の場合はどうでしょうか。懲戒処分に

該当する事実を隠したまま、退職届を出して退職金をもらおうとするケースもあるかもしれません。

　退職金規程に「退職後、在職中に懲戒解雇事由に相当する事実を行ったことが明らかになった場合は、退職金を支給しない。すでに支払った退職金は返還させる」という定めを入れておき、不支給または返還請求ができるようにしておきましょう。

事例36

資格取得費用の返還

　航空運輸業のA社を経営しています。半年前にJという従業員を採用しました。Jは職務を遂行するために必要な資格を持っていなかったため、会社の費用で資格取得させました。通学費・試験料などで20万円ほどです。無事にJは資格を取得したのですが、先日父親が急逝し実家に戻って家業を継ぐという理由で退職届を出してきました。会社の費用で資格を取得したのに、こんなに早く辞められては困ります。

　労働契約を結ぶ際、「雇い入れ後1年以内に自己都合で退職をする場合、会社が負担した費用の全額を返還すること」と入れており、本人もこれに同意していましたから、これを根拠に全額返還を請求していますが、Jは返還を拒否しています。

失敗のポイント ✗

労働基準法では、労働契約の不履行について違約金を定めたり、損害賠償を予定する契約を結んではならないと定めています。今回のケースではJさんとの労働契約の際に入れた「退職する場合は全額を返還すること」という定め自体が無効であると考えられます。

正しい対応

資格取得費用の返還の請求を取り下げます。

業務遂行に必要な資格を、会社が従業員に取得させる場合には、その費用の負担は会社がするものと考えられます。従業員の自由な意思で資格を取得し、その費用を会社が立て替え払いしているのであれば、返還を請求することは可能です。

[解説]

　労働基準法第16条では、従業員が強制的に働かされたり、使用者に不当に拘束されたりするおそれがあるために、違約金や損害賠償予定について定めておくことを禁止しています。
　「雇い入れ後1年以内に自己都合で退職をする場合、会社が負担した費用の全額を返還すること」という特約は、労働契約の不履行について違約金を定める契約に該当します。労働契約を結んだ当初、本人が同意していたとしても、この特約自体が無効ですからJさんは資格取得費用を返還しなくてもよいことになります。
　資格取得費用を会社が立て替え払いし、約定期間内就労すれば返済を免除するという契約を結ぶ場合、それが労基法16条に違反するかどうかの判断は次のような基準によります。

1. その費用の計算が合理的な実費であること
2. その金員が会社の立替金と解されるものであること
3. その金員の返済により、いつでも退職が可能であること
4. 返済にかかる約定が不当に雇用関係の継続を強制するものでないこと

　これら4つの基準を満たせば、違法ではありません。
　また、資格取得が業務遂行にあたって必要な場合や会社として当然に行うべき研修や教育である場合、会社が強制的に資格取得させる場合や研修に参加させる場合は、その費用の返還を求めることは合理的でないと判断されます。
　会社が負担した資格取得費用を返還させることが合理的であると認めら

れるには、原則として従業員の意思により自発的に取得した資格の費用であることが必要です。さらに「金銭消費貸借契約」を結び、会社が立て替えている費用は原則返還してもらうことを前提とするが、一定期間勤務を継続した場合は免除するというかたちをとることが必要でしょう。

事例 37

研修費用の返還

　生命保険を扱う会社を経営しています。当社では新たに採用した営業担当の従業員には3か月の研修を受けてもらっています。従業員Yは、3か月の研修後、営業成績ゼロのまま1か月後に退職を申し出てきました。雇用契約を結んでいるので、これまでの賃金は仕方ないとしても3か月間に費やした研修費用は返還してもらいたいと思います。

失敗のポイント

　会社が当然に行うべき研修費用を従業員に負担させることはできません。今回のケースでは、新入社員研修ですので業務の一環として行われているものと解されます。Yさんが成績を上げることなく短期間で退職したとしても、業務に従事していたことは事実ですから、Yさんにだけ研修費用を返還させることはできないのです。

> **正しい対応**
>
> 　研修費用の返還を求めることなく、退職を承諾するほかありません。
>
> 　労働契約の不履行があり、実際に損害が生じているのであれば、損害賠償請求をすることはできます。しかし、研修を受けたにもかかわらず営業成績がゼロだったというだけでは、損害賠償請求はできないでしょう。

［解説］

　新入社員研修を受け終わってすぐに辞めてしまう従業員に困ることもあるでしょう。研修後短期間で辞めた場合には、研修費用を返還させたいという気持ちもわからなくはありません。しかし、新入社員研修のように会社が従業員に対し当然に行うべきものにかかった費用を返還させるのは難しいと言えます。

　従業員が退職するにあたって、研修費用の返還を請求することができるかどうかは、労働基準法第16条に定められている賠償予定の禁止に違反しないかどうかという点から個別に判断されます（事例36資格取得費用の返還参照）。研修が業務命令によるもので、研修費用の負担を会社が当然に行うべきであると考えられる場合、研修後一定期間の勤務を約束させ、その期間内に退職したら費用を返還させる行為は、合理性がないと判断さ

れる可能性が高いです。

　講習を受けたにもかかわらず、採用後7か月で退職した従業員に講習手数料として30万円の支払いを求めた裁判例では、「新入社員教育とさしたる差がなく、使用者として当然なすべき性質のものであるから、それに支出された研修費用の返還を求めることには合理性がなく、労働者の退職の自由を奪う性格を有するものであり労働基準法第16条に違反する」とされました。

　今回のケースでは、研修費用の返還を求めることなく、退職を承諾するほかありません。実際に会社に損害が生じていれば、損害賠償を請求することはできますが、Yさんが短期間で退職したことをもって労働契約の不履行とすることは考えにくく、具体的な損害もわかりませんので難しいでしょう。

事例 38

退職後の競業避止

　健康食品を販売する会社で人事を担当しています。当社の従業員Aは、10年近く販売促進を担当していましたが、最近新たに上司になったRとそりが合わないようで、退職届を提出してきました。Aは優秀な従業員なので引き留めようとしましたが聞き入れず、同業他社であるSに転職すると言います。当社のノウハウを流用されたら困るので「同業他社に就職するのであれば、退職金を支給しない」と言いました。

失敗のポイント ✕

　就業規則に明確な規定がなければ、退職後の競業行為を理由として退職金を減額もしくは不支給にすることはできません。就業規則に規定があったとしても、退職後は職業選択の自由があることから競業行為を制限するのは難しく、退職金不支給の合理性が認められるには顕著な背信性があるなどの事由が必要となるでしょう。

> **正しい対応**
>
> 競業避止のためには、就業規則に規定をし、労働契約時や退職時に誓約書もとるようにします。退職後の競業制限が認められるのはハードルが高いですが、一定の抑止効果はあるでしょう。

[解説]

　業界特有の情報や、その会社で培ってきたノウハウや技術、取引先や顧客の情報などを持った社員が、同業他社で就業することになれば、会社は痛手を負うことになりかねません。そこで、多くの会社では就業規則に競業行為を禁止する定めをしています。

　従業員が在職中であれば、信義則上、使用者の利益に著しく反する競業行為を差し控える義務があると考えられます。しかし、退職後の就職先まで制限するのは、憲法で定められている「職業選択の自由」に反することになってしまいます。

　就業規則や労働契約などで退職後の競業避止について特約を入れていたとしても、合理性がなければ無効とされます。労働者の地位や在職中に関わった企業秘密の内容・程度、制限の期間、場所的範囲、制限の対象となる

職種の範囲、代償の有無等から判断されることになります。

　競業避止に違反したことを理由に、退職金の減額または不支給をすることを就業規則に定めた場合も、退職金不支給が相当と考えられるような重大な背信性がある場合でなければ、その有効性は認められないでしょう。

　退職後の競業避止は非常にハードルが高いですが、ルールとして就業規則に定め、従業員に誓約書を書かせることによって一定の抑止効果が期待できます。

規定例

第○条　（競業の禁止）

1. 退職後2年間は、会社の承認を得ずに会社と同一または類似の業務を行う会社に就業し、取締役に就任し、または自ら営業を行ってはならない。

2. 従業員は、競業避止義務に関する誓約書を会社から求められた場合、これを提出しなくてはならない。

競業避止誓約書

○○株式会社
代表取締役　　　　　　　　殿

　私は、貴社を退職するにあたり、退職後1年間は以下に示す行為を貴社の許可なく行わないことを誓約いたします。これに反して貴社に損害を与えた場合、賠償請求に応じることを確認します。

1. 貴社と競合関係にある事業者への就職または役員への就任
2. 貴社と競合関係にある事業者の関連企業への就職または役員への就任
3. 貴社と競合関係にある事業の自らの営業
4. 貴社と競合関係となる新規事業の主導的な業務遂行

　　年　　月　　日

　　　　　　　　　　　　　　住所
　　　　　　　　　　　　　　氏名

　　　　　　　　　　　　　　　　　　　印

MEMO

事例 39

退職後の秘密保持契約

ソフトウェア開発会社Fの代表をしています。当社の従業員Tが半年前に退職し、自ら経営コンサルティング会社を興しました。Tは当社の取引先企業A社のデータや内情を、A社の競合であるB社に話しているようです。

当社では就業規則で秘密保持について定めていますが、退職後の秘密保持契約等はとくに結んでいませんでした。

> **失敗のポイント**
>
> 退職後について秘密保持契約を結んでいませんでした。就業規則に秘密保持に関する定めがあっても、退職した従業員は義務を負いません。また、安易な秘密漏えいを防ぐためにも、普段から営業秘密に関して適切に管理し、教育することも重要です。

> **正しい対応**
>
> 退職者にも守ってもらいたい秘密事項は、内容や範囲を明確にして、在職中または退職時に秘密保持契約を結ぶ必要があります。秘密保持契約を結んでいれば、その不履行に対して損害賠償を求めることが可能です。
> また、不正競争防止法上の営業秘密の要件に該当すれば、差し止めや損害賠償、信用回復の請求をすることができます。不正競争防止法上の営業秘密として保護されるためには、普段から営業秘密の管理を適切に行っている必要があります。

[解説]

　在職中であれば、従業員は労働契約上の付随義務として秘密保持義務を負っています。就業規則で秘密保持について定めている会社も多いでしょう。しかし、就業規則では退職した従業員まで縛ることはできません。労働契約の中に盛り込んでいる場合も、原則としてその労働契約解約とともに失効してしまいます。従業員が在職中に知りえた営業上の秘密や顧客情報等を、退職後不当に使用することがないよう、秘密保持契約を結んでおきましょう。秘密保持契約に対する不履行として、損害賠償を求めることが可能になります。

　在職中に、退職後の秘密保持についても定めた秘密保持契約を個別に結んでいる場合は、退職時にあらためて結びなおす必要はありませんが、心理的抑止効果を持たせるためには、再度秘密保持契約を結ぶのがいいで

しょう。

　退職時に秘密保持契約を結ぶことを拒否する従業員がいた場合、どうしたらいいでしょうか。どうせ辞めてしまう会社なのだから、命令に従う必要はないと考える者もいるかもしれません。そこで、就業規則（退職金規程）に、秘密保持契約締結を拒んだ場合は退職金を減額することがあると定めておきます。退職金の減額・不支給は合理的な理由がなければ難しいですが、少なくともこういった規定を入れておくことで、重要なルールだと認識させることができます。

　また、今回のケースでは取引先Ａ社のデータや内情がどの程度のものなのかがわかりませんが、退職時に秘密保持契約を結んでいなかったとしても、不正競争防止法上の営業秘密の要件に該当すれば、差し止めや損害賠償、信用回復の請求をすることができます。営業秘密として保護されるための条件は、次の3つです。

1. 秘密として管理されていること
2. 技術上または営業上の有用な情報であること
3. 公然と知られていないものであること

　普段から営業秘密としてきちんと管理しており、客観的に見て営業秘密であると認識できるような状態でなくてはなりません。こうした営業秘密が不正に持ち出され利用された場合に、損害賠償等を請求できることになります。

　いずれにしても、営業秘密は普段から適切に管理し、従業員が安易に持ち出したり漏えいしたりしないように教育することは大切です。

秘密保持に関する誓約書（退職時）
〇〇株式会社
代表取締役　　　　　　　　　殿

私は、貴社営業秘密情報に関して以下の事項を遵守することを誓約いたします。

第1条（秘密保持）
　私は、在籍中に知りえた以下に示される貴社の技術上または営業上の情報に関する秘密情報を開示、漏えいもしくは使用することなく、退職後も守秘することを誓約いたします。
1．製品開発、製造及び販売における企画、技術資料、原価、価格等の情報
2．財務、人事等に関する情報
3．他社との業務提携に関する情報
4．顧客情報その他貴社が保有する個人情報
5．その他貴社が特に秘密保持対象として指定した情報

第2条（損害賠償）
　前各条項に違反して、貴社の秘密情報を開示、漏えいもしくは使用した場合、法的な責任を負担するものであることを確認し、これにより貴社が被った一切の損害を賠償することを約束致します。

　　　　年　　月　　日
　　　　　　　　住所
　　　　　　　　氏名
　　　　　　　　　　　　　　　　　　　　　印

事例 40

退職時の備品返却

アミューズメント会社の人事担当をしています。先日退職したアルバイトスタッフで、会社が貸与した制服を返却しないOという者がいます。返却がまだであることにあとから気づき、何度か電話をしたのですがつながらず、留守番電話に伝言を残しました。このまま返却しない場合、Oには未払い給与があるので、給与から制服代を差し引きたいと思いますが問題はあるでしょうか。

失敗のポイント

管理不足により、貸与物の回収ができませんでした。返却義務のあるものについて就業規則等に定め、退職時に確認をすべきでした。返却義務があるのに従業員が返却していない場合は、その費用を請求することは可能です。ただし、賃金は「全額払いの原則」がありますので、未払いの賃金から制服代を差し引くことはできません。賃金から控除するには、あらかじめ労使協定を結んでおく必要があります。

正しい対応

会社が貸与している備品は退職時にすべて回収しましょう。就業規則に備品返却について定め、チェックリストをつくるなどして、あとからトラブルにならないようにします。返却義務があるにもかかわらず、従業員が返却しない場合は、その費用を賃金から控除する旨を定めておくとよいでしょう。

[解説]

　制服やIDカード、携帯電話などの通信機器、名刺、文具類、会社の鍵など会社から従業員に貸与しているものはいろいろあるかと思います。従業員が退職する際には、貸与した備品をすべて回収しましょう。会社が貸しているものなのですから返却するのは当然なのですが、就業規則等に規定がないと「返す義務はない」と主張されてしまうリスクがありますし、会社側も何を返却してもらうべきなのか管理ができなくなってしまうことがあります。モレがないようにチェックリストをつくっておくとよいでしょう。

　返却義務があるにもかかわらず、従業員が返却しない場合は、その費用を請求することが可能です。ただし、賃金には「全額払いの原則」があります（労基法24条）。賃金はその全額を支払うのが原則で、源泉税や社会保

険料など法令で定められた控除のほかは、労働者の代表と結んだ労使協定で定めておかなければ、賃金から控除することはできません。労使協定で定める控除とは購入代金、社宅費用、組合費等がこれにあたりますが、就業規則に包括的に定めておくので問題ありません。

「貸与した制服を返却しない場合、賃金から制服代として〇円を控除する」等の定めをしておきます。

個人で使う備品であれば、従業員自身に購入させ、その分「備品購入手当」として賃金に上乗せするのも一つの手です。自分で購入したものならば大切に扱うでしょうし、返却等の管理も必要なくなります。

ただし、会社の鍵やIDカード、顧客データの入っているパソコン等は必ず回収することが必要です。返却義務についてきちんと就業規則に定めておきましょう。

規定例

　従業員は退職日までに会社から貸与された次のものを会社に返却しなければならない。
1. 健康保険証
2. 会社の鍵
3. 名刺
4. 会社の業務を通じて取得した名刺
5. 業務で使用した書類、データ
6. 会社から貸与された携帯電話、パソコン等の通信機器
7. 制服
8. その他会社から貸与されたもの

賃金支払いの5原則

　労働基準法第24条では、賃金支払いの5原則が定められています。労働の対償としての賃金が、完全かつ確実に労働者にわたるようにしたものです。

1．通貨払いの原則

　　賃金は現金で支払わなければなりません。外国通貨や小切手は認められません。労働協約の締結によって、現物給付、通勤定期券の支給等が可能になります。
　　また、本人の同意を得れば本人名義の銀行口座への振込によって支払うことができます。

2．直接払いの原則

　　賃金は従業員本人に直接支払わなければなりません。ただし、単に「使者」として受け取る者に渡すことは差し支えありません。

3．全額支払いの原則

　　賃金は、それぞれの期間分の全額を支払わなければなりません。例外として、次の場合は控除することができます。
　（1）法令に別段の定めがある場合……源泉税、社会保険料の控除
　（2）労使協定を締結した場合…………購入代金、社宅費用、組合費等

4．毎月一回以上支払の原則

　　賃金は毎月一回以上、支払わなくてはなりません。例外は、退職手当、賞与等の臨時に支払われる賃金です。

5．一定期日支払いの原則

　　賃金は支払日を決めて支払わなければなりません。「毎月25日」「毎月末日」はいいですが、「毎月第4月曜日」のように月によって支給日が一定しない表現は不可となります。

事例 41

60歳定年で退職日がいつになるかわからない

　精密機器メーカーの人事担当をしているYという者です。当社にはもうじき60歳になる従業員Eがいます。就業規則には、定年に関する事項として「満60歳とする」、退職に関する事項として「定年を迎えたとき」とあります。Eの誕生日は1月4日なので会社が正月休みの間なのですが、この場合、退職日はいつになるのか聞かれました。

　1月4日の誕生日を退職日にすると、年末から出勤していない日についても日割りで賃金を支払わなくてはならないのでしょうか。賃金締切日は毎月15日です。

失敗のポイント ✕

定年退職について漠然とした表現で定めていました。誕生日を迎えたその日なのか、その前日なのか翌日なのか等、人によって受け取り方が変わり、トラブルになるかもしれません。また、誕生日を退職の日とすると、賃金の計算が煩雑になります。

正しい対応

いつが退職日になるのか明確に規定しておきます。日割り計算をする必要がないように、誕生日の属する月の賃金締切日をもって退職日とするのもいい方法です。

[解説]

　従業員が就業規則で定めた一定の年齢に達したことを理由として、雇用契約を自動的に終了させる制度を「定年制」と言います。定年は定めなくてもいいのですが、定める場合は、60歳を下回ることはできません（高年齢者雇用安定法8条）。

定年に関する事項は就業規則に定めているはずですが、今回のケースのように定年退職の日を「満60歳に達したとき」という漠然とした表現にしている場合があります。満60歳に達したときとは具体的にいつなのか、人によって受け止め方が変わります。「年齢計算に関する法律」によれば、年齢を1つ加算するのは誕生日の前日です。これに沿って考えれば、誕生日の前日をもって退職日ととらえる人もいるでしょう。

　Yさんは賃金の計算を心配しているようです。この就業規則の規定では、1月4日の誕生日前日である1月3日（年齢計算に関する法律を根拠として）を退職日とし、12月16日〜1月3日までの賃金を日割り計算して支給することになります。

　賃金の日割り計算をしないですむように、「誕生日当日が属する賃金計算期間の賃金締切日をもって」定年とするのがおすすめです。賃金締切日が月末なのであれば、誕生日当日が属する月の月末をもって定年とします。Yさんの会社では15日が賃金締切日ですので、1月15日を退職日にすると、事務手続き上便利です。

　いずれにしても、退職日がいつになるのか明確にし、就業規則に規定しておきましょう。

月		12												
日	〜14	15	16	17	18	19	20	21	22	23	24	25	26	27
誕生日を退職日とした場合	退職月前月の給料		退職月給料（日割り計算）											
誕生日の属する月の賃金締切日を退職日とした場合	退職月前月の給料		退職月給料（1ヶ月）											

規定例

第○条　（定年）

　従業員の定年は満60歳とし、満60歳の誕生日当日が属する賃金計算期間の締切日をもって退職となる。

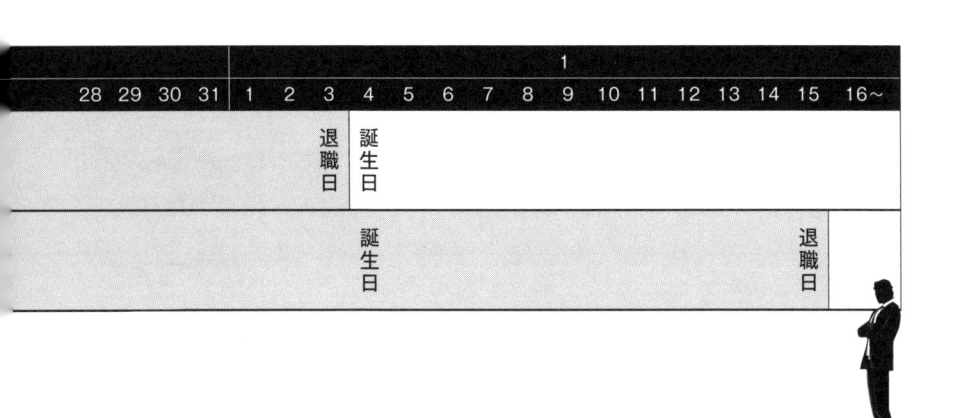

28	29	30	31	1	2	3	4	5	6	7	8	9	10	11	12	13	14	15	16～
						退職日	誕生日												
							誕生日											退職日	

事例42

60歳定年後、雇用確保の措置がない

　食料品販売をしている会社の人事担当をしています。当社は定年を60歳と定めています。60歳になる従業員Kが、定年後も働きたいと申し出てきました。しかし、賃金の高いKを雇い続ける体力がありません。「残念だけれどウチでは働けないので、別の就職口を探してください」と言いました。すると、「定年後も雇用する義務があるはず」と抗議されました。当社ではとくにそのような制度は導入していません。

失敗のポイント

　65歳未満の定年を定めている会社は、65歳まで安定して従業員の雇用を確保するための高年齢者雇用確保措置を講じなければなりません。定年年齢の引き上げ、継続雇用制度導入、定年の定めの廃止のいずれかの措置を講じていないのであれば、高年齢者雇用安定法違反となりますので早急に対応することが必要です。

> **正しい対応**
>
> 　早急に高年齢者雇用確保措置を講じます。
> 　労働条件を変えずに雇用し続けるのは厳しいと思いますので、継続雇用制度を導入し、労働時間や賃金等の労働条件を見直して再雇用するのがいいでしょう。

[解説]

　改正高年齢者雇用安定法により、平成18年4月1日から「高年齢者雇用確保措置」の実施が義務付けられました。

　65歳未満を定年年齢にしている会社は、以下のいずれかの措置を講じなければなりません。

1. 65歳への定年引き上げ
2. 継続雇用制度の導入
3. 定年制度の廃止

　かつては会社の自主的な努力として、定年退職した従業員を嘱託として雇い入れたり、子会社等へ再就職させたりしていましたが、急速な少子高齢化に伴って高年齢者にも社会の担い手となってもらうべく、65歳まで働けるようにすることが義務化されたのです。

65歳への定年引き上げや定年制度の廃止は、会社にとっては費用負担増でありリスクが大きいため、実際は「継続雇用制度の導入」をしている会社がほとんどです。

　継続雇用制度には「勤務延長制度」と「再雇用制度」の2種類があります。勤務延長制度では従来の契約を継続させますが、再雇用制度では、定年退職した従業員の労働時間や賃金等の労働条件を見直して、新たに雇用契約を結びます。

　継続雇用制度を導入する場合は、原則として希望する従業員全員を対象とすることになりますが、労使協定を結べば、対象となる従業員の基準を定めることができます。

　なお、定年を迎えた従業員が「希望する場合」に雇用を継続すればいいのであって、全員を一律に継続雇用することまで求められているわけではありません。

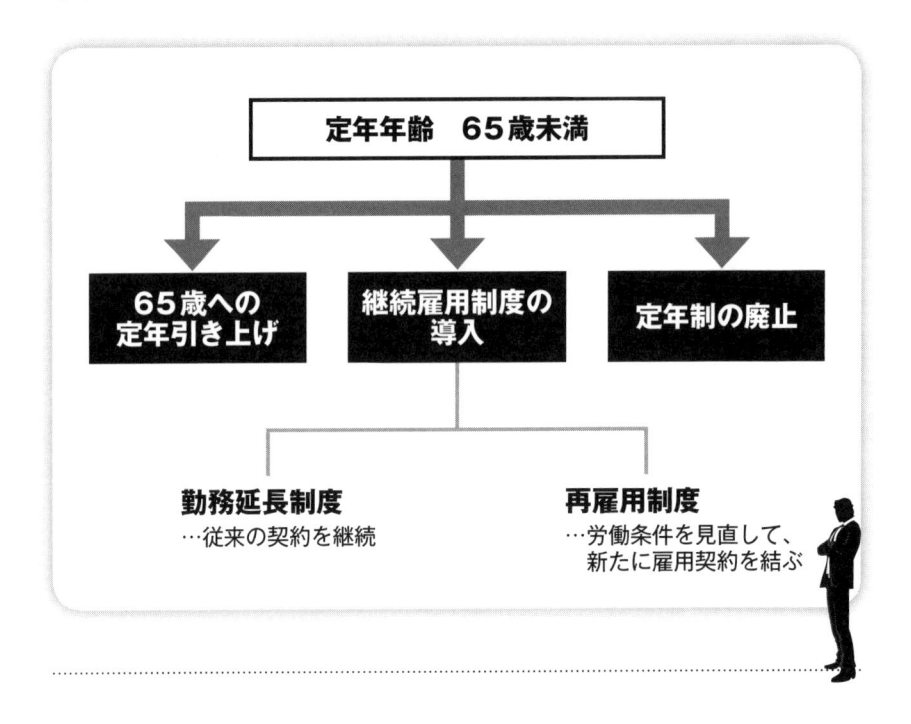

```
           定年年齢　65歳未満
          ┌─────┬─────┐
          ↓     ↓     ↓
    65歳への  継続雇用制度の  定年制の廃止
    定年引き上げ    導入
                ├──────┐
                ↓      ↓
         勤務延長制度   再雇用制度
         …従来の契約を継続  …労働条件を見直して、
                          新たに雇用契約を結ぶ
```

事例43

再雇用の基準が あいまい

電機製造会社の人事担当をしています。

高年齢者雇用安定法の改正に際し、当社では再雇用制度を導入しました。労使協定を結んで、対象となる従業員の基準を定めています。先日、60歳になる従業員Tが再雇用を希望してきたのですが、Tはコミュニケーション能力が低くトラブルが多いため拒否しました。すると、Tは評価が不合理で納得できないと抗議してきました。

失敗のポイント

継続雇用制度の対象となる基準があいまいでした。基準は客観的で合理的である必要があります。継続雇用を希望する従業員が、労使協定で定めた基準をクリアしているのにもかかわらず継続雇用を拒否した場合、会社は損害賠償義務を負うことになります。遡って継続雇用しなければならない可能性があります。

正しい対応

従業員自身が基準をクリアできるかどうか判断できるように客観的で具体的な基準を定めます。Tさんはコミュニケーション能力が低くトラブルが多いとのことですが、継続雇用の対象となる基準をクリアしているのであれば再雇用をし、再雇用後の労働条件によって対処するという方法があります。

[解説]

定年後の再雇用にまつわるトラブルが増えています。その多くは、継続雇用の対象となる高齢者の基準があいまいであることが原因です。

継続雇用の基準は具体的で客観的で、事業主が恣意的に対象従業員を選別することができないものである必要があります。「コミュニケーション能力が低い者は対象としない」「会社が必要と認めた者は対象とする」といったあいまいな基準策定はトラブルの元です。

継続雇用の基準としては、

1. 働く意思・意欲
2. 勤務態度
3. 健康
4. 能力・経験

5．技能伝承等その他

といった項目について具体的・客観的に定めます。

　たとえば「過去5年間の出勤率80％以上」「社内技能検定レベルＡレベル」「勤続5年以上の者」等が適切な例として挙げられます。会社の事情に合わせて基準を定めましょう。継続雇用の基準は、就業規則の絶対的必要記載事項である「退職に関する事項」に該当しますので、労使協定で基準を定めたら就業規則にもその旨を記載します。

　さて、今回のケースではＴさんを「コミュニケーション能力が低くトラブルが多いために再雇用できない」と考えています。

　平成18年4月1日より義務付けられている「高年齢者雇用確保措置」は、65歳までの雇用確保のために再雇用制度等の導入を求めているものであって、事業主と定年退職者との間で合意した労働条件で雇用することまで義務付けているわけではありません。従業員がいったん退職して新たな労働条件で再雇用する再雇用制度では、合理的な事業主の裁量の範囲であれば、労働条件を引き下げることができるわけです。ですから、Ｔさんについてトラブルが起きにくいと思われる部署に配属する、労働時間を減らしたり賃金を低く抑えること等で対処をし、労働条件が折り合わなければ結果的に再雇用にならなくても違反にはなりません。

　しかし、再雇用を希望している従業員が基準をクリアしているにもかかわらず、再雇用を拒否すれば、会社は損害賠償義務を負うことになります。再雇用拒否が無効とされれば、遡って継続雇用しなければならない可能性がありますので注意が必要です。

[裁判例]
宇宙航空研究開発機構事件（平成19.8.8 東京地裁）

　独立行政法人Yを60歳で定年退職したXは、「直近5年間の人事考課において総合評価Eが3回以上あったこと」を理由に再雇用を拒否された。

　裁判では、Yが再雇用拒否をした実績があり、Yの置かれている立場からいっても希望者全員を従前と同一の条件で再雇用する意思を予め示しているとは言えないこと、Xが執着していた研究内容がYにおいて当面必要でなかったこと等をふまえ、さらに「やや人の話を聴かず、その結果思い込みの強い傾向が窺え、これがYにおける研究内容に関する自己主張の強さ、固さにも表れているところと解される。この点が是正されない限り、招聘職員として再雇用したとしても、Yが期待する業務推進は期待できないのであるから、Yにおいて、人事考課結果を踏まえ、Xを招聘職員として再雇用しない旨判断したことはやむを得ない判断であったものと思料する」としてXの請求を棄却した。

　ただし、Yが再雇用拒否を1か月前に通告したことについて、Xは当然に再雇用されると思い込んでいて「定年退職後の再就職に差し支えたことが窺えるから、高年齢者雇用安定法等の趣旨に鑑みれば、もっと事前に予告する等の配慮が望まれる」としている。

MEMO

事例 44

退職者からの賞与請求

　玩具メーカーの人事担当をしています。当社では賞与の支給日を7月10日と12月10日にしています。6月末に自己都合で退職した従業員Sが、自分も夏期賞与をもらう権利があるはずだと言ってきました。賞与の支給日に在籍していないのですから、支払う必要はないものと思っていたのですが、就業規則を確認すると「計算対象期間の3分の2以上の出勤日数がある者に賞与を支給する」となっています。

失敗のポイント

　賞与について支給日在籍要件を就業規則に定めていませんでした。支給日在籍要件がない場合は、計算対象期間に勤務した実績に応じて賞与を請求できるとする裁判例があります。

> **正しい対応**
>
> 賞与支払いの規定として、「計算対象期間に在籍し、かつ賞与の支給日に在籍している従業員に支給する」と定めておきましょう。規定が周知されていれば、本人も賞与が支給されないことをわかって退職するわけですから、トラブルにはなりません。

[解説]

　賞与は、毎月の賃金とは違い必ず支払わなければならないものではありません。しかし、就業規則や賃金規程で賞与の支払いについて明確にしている場合は、支払う義務が生じます。賞与を支給するのかしないのか、どのように支給するかは会社が独自に決めるものです。ですから、賞与支給日に在籍していない従業員には支給しないと定めているのであれば、退職した従業員から賞与を請求されても支給する義務はありません。

　多くの会社では、賞与支給日に在籍している従業員を支給対象とする「支給日在籍要件」を定めているのですが、今回のケースのように支給日在籍要件がない場合には、退職者から賞与の請求ができるとしている裁判例があります。対象期間の中途で解雇された従業員が、その期間の割合に応じて賞与を請求した事件について、賞与が単に恩恵的なものであるだけでなく、対象期間中の労務に対する賃金の一種として支払われてきたことを指摘したうえで、次のように示しています。

　「これを別異に解すべき就業規則等の規定あるいは確立した慣行の存在

しないかぎり、従業員はその支給対象期間の全部を勤務しなくとも、またその支給日に従業員たる身分を失っていたとしても、原則として支給対象期間中勤務した期間の割合に応じて賞与の支給を受けるものと解するのが相当である。」(ビクター計算機事件　昭和53.3.22　東京地裁)

　トラブルを防ぐためにも、支給日在籍要件を含めて賞与の支給対象者を明確にし、また、会社の業績が悪いときなど状況によっては賞与を支給しないことがある旨についても規定しておきましょう。

規定例

第○条　(賞与の支給)

1. 賞与は、会社の業績と従業員の勤務態度に基づいて、原則として年に2回、夏期および冬期に支給する。ただし、社会経済情勢または会社の営業成績その他の事情により、支給日を変更または支給しないことがある。

2. 賞与は次の計算対象期間中の総所定就業日数の3分の2以上の出勤日数があり、かつ賞与支給日に在籍している従業員に対して支給する。

支給日	計算対象期間
7月10日	12月1日〜5月末日
12月10日	6月1日〜11月末日

事例 45

断続的な欠勤に対する休職命令

　WEB制作会社Ａの代表をしています。数か月前より、20代の従業員Ｒが短期間の欠勤を繰り返しており、会社に来ても１日中ボーっと過ごしていたりして、まともに仕事ができていません。理由を尋ねると「体調が悪い」と言うばかりで、会社を休んでもよくなる気配がありません。うつ病などの精神疾患だと思われます。このままにしておくと本人にとってもよくないですし周囲にも悪影響があるので休職を命じたところ、不当だと言われて困っています。

　当社の就業規則では「業務外の傷病による欠勤が１か月以上におよんだとき」に休職命令を出すことになっています。

失敗のポイント ✕

A社の就業規則では、今回のような断続的な欠勤等に対応できる規定になっていないため、休職命令を出すことができません。出社しても不完全な労務提供しかできていない場合、休職させなければ賃金支払の問題、周囲への悪影響等の問題があります。

正しい対応

欠勤が1か月続いたときにはじめて休職させるという規定ではなく、労務の提供が不完全である場合に休職命令を出すように定めておきます。また、欠勤等の理由がよくわからないのに「うつ病」と決めつけるのはよくありません。まずは話をよく聞き、うつ病の疑いがあれば専門医の受診をすすめてください。

[解説]

　休職とは、私傷病その他従業員側の都合によって、就労できないもしくは就労に適さないため、従業員の身分を維持したまま、一定期間就労を免除または禁止するものです。休職させるかどうかの判断は会社が行いますが、休職命令の有効性は従業員が真に就労できない健康状態であるか否かで判断されます。今回のケースは、短期間の欠勤とは言え繰り返されていますし、出社しても実際に職務を遂行しているとは言い難い状況のようです。

　近年、うつ病等によって、短期間の欠勤を繰り返したり、出社しても職務を遂行することができなかったりするケースが増えています。こうした場合に、A社の就業規則のように休職させるのは「業務外の傷病による欠勤が1か月以上におよんだとき」と規定していると、休職命令を出すことができません。継続、断続問わず、欠勤が業務に支障が出る程度に続く場合や、労務提供が不完全な場合には、休職させることができるように規定しておきましょう。

　また、Rさんの調子が悪い原因がハッキリとはわかっていません。「うつ病」と決めつけず、話を聞きながら、状況によって専門医の受診をすすめることも大切です。うつ病など精神疾患に対する偏見があることも多く、本人が受診したがらないこともあります。早くよくなるために必要なことだと言ってすすめてください。

規定例

第○条　（休職）

　従業員が次の各号の一に該当するときには、会社の判断により休職を命じる場合がある。ただし、第1号、第2号に該当する場合については、正社員としての勤続が1年未満の者、パートタイマー契約社員および嘱託社員には適用しない。

1. 業務外の傷病により、継続、断続を問わず欠勤が業務に支障をきたす程度に続く（おおむね1か月以上とする）と認められるとき（「私傷病休職」という）
2. 精神または身体上の疾患により労務の提供が不完全であるとき（「私傷病休職」という）
3. 会社の命により関係会社または関連会社の業務に従事するとき（「出向休職」という）
4. その他特別な事情により休職させることが適当と認められたとき（「特別休職」という）

事例46

休職期間を
リセットする従業員

　システム開発会社で人事担当をしているNと申します。開発部門にいる5年目のエンジニアSが、入社3年目からうつ状態により休みがちになりました。当社の休職期間は6か月と規定されており、6か月経過しても復職できなかった場合には自動的に退職となります。Sの場合は、4か月や5か月で復職するのですが、復職後1か月もすると再び要休職の診断書が出され、休職してしまいます。現在Sは、4回目の休職に入っています。復職中も、まともな仕事ができていないようです。解雇する方法はないのでしょうか。

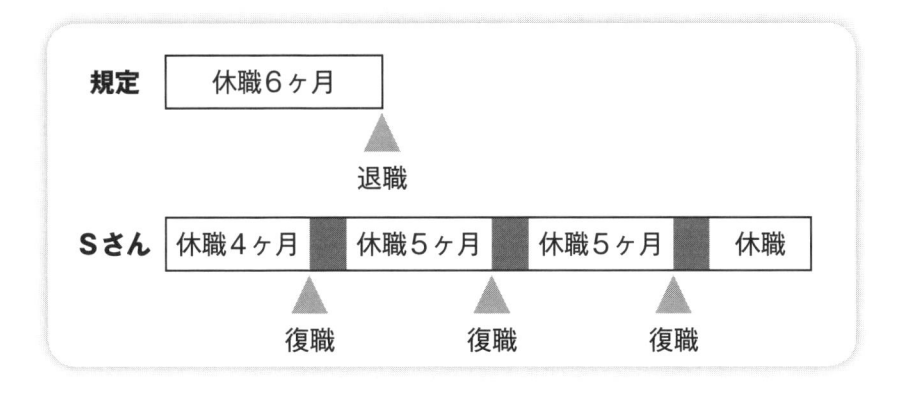

規定	休職6ヶ月
	▲ 退職

Sさん	休職4ヶ月	休職5ヶ月	休職5ヶ月	休職
	▲復職	▲復職	▲復職	

〈事例46〉休職期間をリセットする従業員

失敗のポイント

休職期間の通算制度について就業規則に規定していませんでした。Sさんの場合は悪質ではなさそうですが、会社の制度を悪用して、休職期間をリセットするようなケースもあります。

本人が「治ったから」と言って、すぐに復職できるような制度になっていれば、それも問題です。休職も復職も、適切な手続きを踏むようにしましょう。

正しい対応

複数回の休職を認める場合は、前後の休職期間を通算する制度を規定しておきます。どういった事由の休職期間を通算するのかは、会社によって合う方法を選びましょう。また、休職も復職も会社が判断し、適切な手続きをとることを規定しておきます。

[解説]

　休職制度は法律的な義務ではありませんので、それぞれの会社が独自の判断で導入・規定することになります。

　休職制度のメリットとしては、心身の調子を崩した従業員が、安心して休むことで効率的に回復できることが挙げられます。解雇をおそれて無理に就労すれば、傷病が悪化したり職務や周囲の環境に弊害が出るかもしれません。休職制度をとらず、傷病が発生してすぐに解雇ということになればトラブルにもなりますし、一時的な傷病で従業員を辞めさせるのは会社にとっても得策ではありません。

　休職期間は会社が自由に定めることができますが、中小企業の場合1か月から6か月くらいが一般的です。「事例19休職から復帰できない従業員の解雇」のように、休職期間が満了しても復職できない場合は、退職となる規定を定めておきましょう。そして、複数回の休職を認める場合は、前後の休職期間を通算する旨規定します。どういった傷病について通算するのか等も考える必要があります。メンタル不調の場合は、いったん症状が回復して復職しても、その後再発してふたたび休職する必要が出るケースも多いものです。骨折による休職と、うつ状態による休職のように、まったく別の事由による休職期間は通算せず、同一・類似の傷病の場合に通算するのが一般的です。

　また、前後の休職期間の間がどのくらい空いているかという問題もあります。10年前のうつ状態による休職と現在のうつ状態による休職を通算するのは妥当ではないかもしれません。前後の休職期間の間が6か月から1年である場合に通算するのがいいのではないでしょうか。

　休職も復職も、従業員の申し出によって認めるのではなく、会社が判断するのも大切です。休職の申し出があったら、症状や勤務の状態を見て、

会社が休職命令を出します。復職の場合も同様に、会社が判断して復職命令を出してから、復職させるようにしましょう。

医師の診断書は、あくまでも参考として復職の判断材料にします。「復職可能」の診断書が出て来なければ復職は難しいですが、「復職可能」とあったとしても、それだけでは十分と言えないこともあります。可能であれば、医師に具体的な状況を聞き、職務内容等とあわせて判断しましょう。

規定例

第〇条　（休職期間の通算）

1. 従業員が復職後6か月以内に、同一または類似の事由により欠勤ないし通常の労務を提供できない状態に至ったときは、会社の判断により休職を命じる場合がある。
2. 前項の場合の休職期間は、復職前の休職期間の残期間とする。ただし、残期間が3か月未満の場合は休職期間を3か月とする

事例 47

自己啓発のための休職

　語学学校の経営をしています。経理事務を担当している従業員Iが、オーストラリアに半年間留学をしたいということで休職を願い出ました。当社ではとくに自己啓発のための休職制度を定めていなかったのですが、仕事にも役立つだろうと考え、休職を承諾しました。Iがいない間は派遣社員を入れることにしました。

　毎月１回以上は報告をするように伝えていたのですが、次第に報告が滞るようになり、４か月目から音信不通になってしまいました。半年が経過しても戻ってこないので、退職ということにしました。休職期間中の社会保険料がムダになってしまいました。

失敗のポイント

就業規則に休職期間中の報告に関する事項を定めていませんでした。休職前にきちんとした取決めも交わしていなかったので、従業員から報告がなく、音信不通になっても休職期間中の社会保険料を払い続けることになってしまいました。

正しい対応

休職期間中、従業員は会社に報告を行い、会社からの指示等に応答することを就業規則に定めておきます。音信不通になった場合は、休職の停止や休職期間の短縮をするようにします。

[解説]

　大学の講義を受講する、海外への短期留学など、自己啓発のための休職制度を設けている会社もあります。休職期間中は無給としていることがほとんどです。ただし、従業員としての身分は保持しているわけですから、会社・従業員分ともに社会保険料が発生します。休職制度は会社の恩恵的な措置ですが、従業員が戻ってきたときに学んだことを職務に活かせますから、長い目で見れば会社にとってもプラスです。

　しかし、今回のケースのように、従業員からの報告が滞り、結局会社に戻ってこなかったなどということになれば会社にとって損失です。休職期間中の社会保険料がムダになってしまいます。Ｉさんには月に１回以上報告するように伝えていたということですが、就業規則等で報告しなかった場合について定めていなかったので、退職手続きをするまで、そのままにするしかありませんでした。

　こういったリスクに対応するため、また、従業員としての自覚を持ち続けてもらうため、休職期間中の報告について規定しておきましょう。休職期間中の報告は、私傷病での休職についても同じです。月に１回の定期報告を義務付け、それ以外にも会社の求めによって報告をすることを定めます。そして、正当な理由なく報告しない場合、会社の指示・命令に従わない場合は、休職を停止もしくは休職期間の短縮をするようにします。

規定例

第○条 （休職期間中の報告）

1. 休職期間中は、病状等の必要とされる事項について休職者状況報告書を会社に毎月提出しなければならない。これら定期提出の他にも、会社からの求めがあったときには速やかに報告を行わなければならない。

2. 休職期間中、前項の休職者状況報告書を提出しないとき、会社からの求めに応答しないとき、会社が必要と認めた指示・命令等に正当な理由なく従わなかったとき、もしくは休職事由に該当しなくなったときは、会社は休職の停止もしくは休職期間の短縮を行うことがある。

平成　年　月　日

人事部長　殿

氏名　　　　　　　　　印

休職者状況報告書

就業規則第○条○項の規定に基づき、休職期間中における状況について報告いたします。

1．休職事由

2．休職期間
　　平成　　年　　月　　日　〜　平成　　年　　月　　日

3．報告期間
　　平成　　年　　月　　日　〜　平成　　年　　月　　日

4．療養の状況・近況の報告

5．備考

※休職期間中は1ヶ月に一度提出してください。

		人事部	

事例48
ケガによる休職からの復職

　製造業の会社を営んでいるDと申します。当社の従業員Jが休日に足をケガしてしまい、休職していました。就業規則では休職期間は6か月で、6か月が経過しても復職できない場合は退職することになっています。

　Jは休職期間満了となる直前に「軽作業なら復職可能」という診断書を持って会社にやってきました。そして、ピョンピョン飛び跳ねて見せ、「もう大丈夫です。復職させてください」と言ってきました。その様子を見てすっかりよくなったのだろうと思い、従前の職場に復職させました。すると、3か月後にケガが悪化。ふたたび休職せざるをえなくなってしまいました。

失敗のポイント ✕

　本人のアピールを信じて、安易に復職させてしまいました。診断書の内容を十分に確認せず、産業医の意見を聞くこともありませんでした。安易に復職させて病状が悪化した場合、会社は安全配慮義務違反に問われるおそれもあります。

正しい対応

　休職者は復職したい一心でさまざまなアピールをするかもしれません。しかし、復職の判断をするのはあくまでも会社です。産業医等の意見も聞きながら、慎重に判断することが大切です。そして、様子を見ながら段階的に復職させることや、従前の職務以外の軽作業に就かせる等の検討をします。

[解説]

　休職している従業員は、休職期間満了で退職・解雇となるのをおそれて、無理にでも復職できるアピールをすることがあるかもしれません。診断書を持って復職の請求をしてきても、本当に復職できるのか十分に確認することが必要です。

　無理に復職して症状が悪化すれば、会社はその責任を問われるリスクがゼロとは言えません。安全配慮義務に違反しているとして、損害賠償を請求される可能性もあります。

　今回のケースでは、「軽作業なら復職可能」という診断書が提出されたということですが、どの程度なら大丈夫そうなのか産業医（主治医）に意見を聞くべきでした。本人がピョンピョン飛び跳ねた姿を見て、「治った」と考え、そのまま従前の職場に復職させたのは安易でした。従業員の主治医からの診断書のみで判断するのではなく、会社指定の医師の診断を受けさせることが適当な場合もあるでしょう。

　会社、従業員、産業医で話し合って、復職可否だけでなく、少しずつ業務にならしていく、従前の職務以外の軽作業から行うなど他の方法も検討しながら決定することが望ましいと言えます。

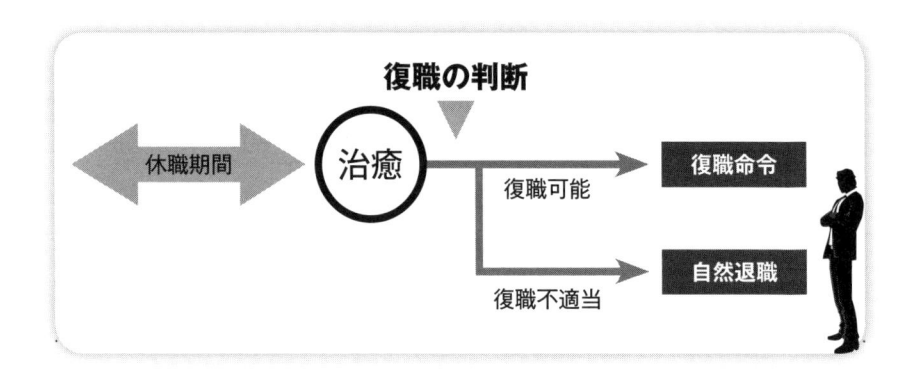

復職の判断

休職期間 → 治癒 → 復職可能 → 復職命令
　　　　　　　　　復職不適当 → 自然退職

事例49

傷病が完治していないので復職させない

　運送業をしているＡ社の人事担当です。当社のドライバーをしている従業員のＲが休日に交通事故にあい、全治３か月の重傷を負いました。当社の就業規則では、私傷病による休職期間を２か月としています。Ｒは正社員で、特定の職務に就かせるといった労働契約を結んでいるわけではありません。

　Ｒは休職期間満了の前日に退院し、翌日から出勤しましたが、ケガは完治していません。診断書には「軽作業なら復職可能」とあります。事務作業ならできるでしょうが、ドライバーの仕事はできないと判断したため「休職期間満了で退職扱いとする」と伝えました。しかし本人は「確かに完治はしていないが、十分に仕事はできる。もう少し待ってもらえればドライバーだってできる」と、納得していない様子です。

失敗のポイント

復職の判断は会社が行いますが、ケガや病気が完治していないことだけを理由に復職を拒むことは難しいと言えます。一定の程度まで回復しており、通常の業務を行うことができるのであれば復職させるべきでしょう。Rさんはドライバーとして労働契約を交わしているわけではないので、他の職務に就かせることを検討する余地があります。

正しい対応

すぐにはドライバーの仕事ができない場合、他の職務に就かせることができないか検討します。A社では休職期間を2か月と定めているとのことですが、場合によっては休職期間を延長し、様子を見るのが妥当でしょう。

[解説]

　休職制度は、それぞれの会社が独自に定め、就業規則に規定しています。復職に関する詳細はその就業規則に依るのですが、原則は従前の職務を支障なく行える程度まで回復していることが復職の条件です。ただし、休職期間が満了した当初は軽作業に就き、その後従前の職務に移行できる程度に回復している場合、会社は「完治していない」ことを理由に退職させるのではなく、退職を猶予して様子を見守るべきと判断している裁判例が多くあります。たとえば北産機工事件では、「直ちに100％の稼働ができなくても、職務に従事しながら、2，3か月程度の期間を見ることによって完全に復職することが可能であったと推認することができるから、原告を休職期間満了として退職とした取り扱いは無効」と判断しています（平成11.9.21 札幌地裁）。

　特定の職務に就くことを条件に労働契約を結んでいる場合は、他の職種への転換までさせる義務はないと考えられますが、Rさんはそういうわけではありませんので、従前の職務に就けないからと言ってただちに復職を拒否するのは難しいでしょう。

　今回のケースでは、Rさんをドライバー以外の職務に就かせて復職させるか、休職期間を延長するのが無難と言えそうです。休職期間の延長については、就業規則に「会社の都合により、休職期間を6か月まで延長することがある」といった規定を入れておきましょう。

　労働時間を短縮したり、他の軽作業を行わせる場合は、その労働時間や職務に合わせて賃金を下げることが可能です。

　なお、短時間のリハビリ出勤でも、就業しているかぎり傷病手当金は支給されません。事前に従業員に説明しておくとよいでしょう。

休職期間中に年休取得はできるのか

　そもそも休職とは、一定期間従業員の身分を保持したまま、就労義務を免除することです。そして、年次有給休暇は、労働者の疲労回復、健康の維持・増進、福祉の向上のため、就労義務がある日について、その義務を免除する制度です。ですから、休職中の従業員が年休の取得を請求してきても、与える義務はありません。休職期間中の年休取得については以下のような通達が出されています。

　「休職発令により従来配属されていた所属を離れ、以後は単に会社に籍があるにとどまり、会社に対して全く労働の義務を免除されることとなる場合において、休職発令された者が年次有給休暇を請求したときは、労働義務がない日について年次有給休暇を請求する余地のないことから、これらの休職者は、年次有給休暇請求権の行使ができないと解する」

（昭31.2.13　基収第489号）

　一方、欠勤となる日は、就労義務のある日ですから、年休取得の請求ができます。

　また、年休の出勤率の計算においては、休職期間は就労義務のない期間ですから、分母と分子の両方から除外します。

＊年次有給休暇の出勤率の計算
　　出勤率＝出勤した日／全労働日

＜全労働日から除外する日＞
　1．使用者の責めに帰すべき事由による休業日

2．正当な争議行為（ストライキなど）により労働をしなかった日
　3．休日出勤した日

＜出勤したものとしてみなす日＞
　1．業務上の傷病にかかり療養のため休業した期間
　2．産前産後の休業期間
　3．育児・介護休業法に基づいた育児休業と介護休業の期間
　4．年休を取得した日

事例50

入社後すぐの休職

　印刷業をやっているP社の代表をしています。従業員は20名ほどです。久しぶりに新入社員を1名採用したのですが、その新入社員Tが1か月もしないうちにうつ病により休職することになりました。詳しくはわかりませんが、入社前からそのような傾向があったようです。当社の就業規則では、休職期間を一律に1年と定めています。Tのように入社後すぐに休職した場合でも、休職期間を1年間認めなくてはならないのでしょうか。他の従業員たちが不満そうにしています。

失敗のポイント

勤続年数にかかわらず、一律に休職期間を定めてしまっていました。こうした場合、たとえ入社後すぐに休職したとしても規定通りの期間、休職を認めざるをえません。休職中は無給にしていても社会保険料の負担がありますし、一律に長期の休職期間を定めていることは会社にとって負担が大きくなります。

正しい対応

休職期間を一律にするのではなく、勤続年数の長短にあわせて規定します。勤続年数が1年未満の者には休職制度を適用しないと定めることも可能です。長く勤めて会社に貢献してきた従業員が、安心して休める制度になっていれば、従業員の士気も上がるでしょう。

[解説]

　休職制度は法律上の義務ではありませんから、その期間についても会社が独自に決めることができます。大企業は休職者の穴埋めをする体力もあるため、1年、2年にわたる長期の休職期間を認めていることも多いですが、中小企業の場合は1か月から1年の間であることがほとんどです。

　P社のケースでは、一律に休職期間を1年としていました。休職期間中は無給としていても、会社・従業員ともに社会保険料を支払わなくてはなりません。入社したばかりのTさんが休職している間、最大1年間社会保険料を支払い続けるのは大きな負担となるでしょう。

　このような場合を想定して、勤続年数の長短にあわせて休職期間を設定するのがいい方法です。長く勤めて会社に貢献している従業員ほど長期の休職期間を認めるようにすれば、従業員の士気も上がるのではないでしょうか。入社したばかりの従業員が同じように休職期間が認められ、1年間休んでいれば、他の従業員に悪影響が出るかもしれません。

　また、勤続年数が短い者やパートタイマー等には休職制度を適用しないとすることも可能です。就業規則にはきちんと定めておかないと、すべての者に一律に適用せざるをえなくなりますので注意が必要です。

規定例

第○条　（休職期間）

1. 私傷病休職の休職期間は次のとおりとする。

　　　勤続1年以上5年未満の者　　　　　　3か月
　　　勤続5年以上10年未満の者　　　　　　6か月
　　　勤続10年以上の者　　　　　　　　　1年

2. 出向休職の休職期間は、出向している期間とする。

3. 特別休職の休職期間は、会社が認めた期間とする。

事例51 復職にあたって診断書を提出しない従業員

　食品加工業を営んでいるＪ社の代表をしています。私傷病で欠勤が続いた従業員Ａに休職を命じました。当社の就業規則では、休職期間は６か月となっています。
　休職３か月目に入ってＡは突然会社にあらわれ、復職したいと言ってきました。診断書を提出するように言って、その日は帰しました。後日、主治医Ｈから「復職可能」という診断書が届き、意見を聞きたいと思ってＨに連絡をとると、守秘義務があるのでＡの承諾書が必要だと言います。承諾書を作成してＡに押印を求めましたが、拒否されました。「個人的な情報なので、あまり詮索しないでほしい」と言うのです。
　復職可能の診断書は出ているので、これを信用するしかないかなと思っています。

失敗のポイント ✕

復職の手続きを明確に定めていませんでした。休職者の申告のみで復職させるのはリスクがあります。会社が復職命令を出すには、それなりの資料が必要です。会社側が資料をそろえることは困難ですから、休職者に協力してもらわなければなりません。

正しい対応

就業規則に、復職の手続きについて規定しておきます。いつまでにどういった書類を提出するのか等きちんと定めて、手続きを踏んでもらうようにしましょう。資料提供に応じない場合は、復職の可否を判断できませんから、規定に沿って休職期間満了とともに退職になるようにしておきます。

[解説]

　復職の判断は会社が行います。その際、医師の診断書など客観的な資料が必要です。こうした資料は会社が独自に収集するのは難しいため、休職者に協力してもらう必要があります。「復職可能」という診断書が提出されても、それだけでは判断が難しいので、医師に意見を聞こうとしたJ社の対応は正しかったと言えます。

　医師からの意見聴取を行う場合、原則として本人の同意を得ることが必要です。本人の同意を得て、または本人と会社の担当者が同席して、主治医の意見を聞くことになります。

　今回のケースでは、Aさんが主治医への意見聴取を拒否しました。復職が可能であったとしても、復職後の職務に相応の配慮をするために、判断材料は必要です。「個人の情報だから」「プライバシーだから」と、資料提出を拒否されることがないように、就業規則に復職の手続きを明確に定めておきましょう。従業員が資料の提出を拒み、判断材料がないために復職の判断ができない場合は、休職期間満了をもって退職となることを規定し、本人にもそのように説明します。

規定例

第○条　（復職）

1. 休職の事由が消滅したときは、会社はその事実を確認した上で速やかに復職を命じる。

2. 私傷病休職をしていた休職者が復職を希望する場合は、休職期間終了日の少なくとも14日前に所定の復職願を会社に提出しなければならない。

3. 私傷病休職の休職事由が消滅したとして復職を申し出る場合には、医師の診断書を提出しなければならない。診断書の提出に際して、会社が診断書を発行した医師に対する事情聴取を求めた場合は、従業員はその実現に協力しなければならない。また必要に応じて、会社が指定する医師の診断および当該医師による診断書の提出を求める場合があり、休職者はこれらの命令に従わなければならない。

4. 復職に必要な手続きに従業員が協力せず会社からの命令に従わない場合、会社は復職の判断ができないため復職命令を発することができず、そのまま休職期間満了日を迎えた場合はこの日をもって退職となる。

事例52

休職期間中の賃金

　建築資材メーカーで総務人事をしています。健康診断の結果、私傷病で1年ほど休職予定の者が製造部門にいます。医療費もかかるし、とても不安そうです。当社のような中小企業で休職中の従業員に賃金を満額出すことはできませんが、10年勤続してきた優秀な従業員なので、半額を出すことにしました。その旨を当人に伝えたところ、少しは安心したようです。しかし、あとから傷病手当金のことを知りました。

失敗の ポイント

国から支給される傷病手当金について知りませんでした。傷病手当金は、通常の賃金の3分の2（約66％）が支給されるのですが、会社から賃金が出る場合は、通常の賃金の3分の2に満たない場合のみ、差額が支給されます。今回のケースでは、通常の賃金の5割を会社から支給するということですから、差額の約16％のみ傷病手当金として支給されることになります。

休職期間中の賃金 ゼロの場合	傷病手当金　3分の2
休職期間中の賃金 3分の2以下の場合	賃金 ／ 傷病手当金
休職期間中の賃金 100％の場合	賃金　100％

> **正しい対応**
>
> 　会社から恩恵的に休職期間中の賃金を支払う場合、通常の賃金の３分の２以下であれば、その分傷病手当金が減額されるだけですので、従業員が手にするお金は変わりません。通常の賃金の３分の２以上の賃金を支給するのでなければ、休職期間中の賃金を支払うことは得策ではありません。従業員にとっても会社にとってもメリットのある傷病手当金について知っておきましょう。

［解説］

　傷病手当金とは、従業員が私傷病により働けない状態になったときに、その間の生活保障として国から支給されるものです。

　傷病手当金を受給するための条件は次のとおりです。

1. 業務外のケガや病気の療養のためであること
2. 従前の職務に就けない状態であること
3. ３日間連続で会社を休んでいること
4. 賃金が支給されていないこと

　会社を休み始めて最初の３日間は待期期間とされ、支給がありませんが、４日目から１日につき標準報酬日額の３分の２に相当する額が支給されることになります。標準報酬日額とは、賃金を一定の幅に区分した標準報酬月

額の1/30に相当する額です。

> 例）標準報酬月額30万円の従業員が30日間休んだ場合
> →標準報酬日額1万円×2/3＝6,667円
> →6,667円×（30日－待期期間3日）＝180,009円

　この休職期間について、賃金をカットせずに支給しているケースもありますが、この場合は傷病手当金は支給されません。通常の賃金の3分の2に満たない賃金を支給する場合は、その差額が支給されます。賃金と傷病手当金をあわせて3分の2となるように調整されるのです。
　先の例で言えば、会社が恩恵的に1日あたり5,000円の賃金を支給すれば、6,667円－5,000円＝1,667円が傷病手当金として休職者に支給されることになります。休職者からしてみれば、手にする額は変わりません。もっと言うと、傷病手当金は非課税ですので、同じ額を賃金としてもらうよりも傷病手当金としてもらったほうが手取り額は多くなります。

　傷病手当金の支給限度は、同一の病気やケガについて支給をはじめた日から起算して1年6か月です。
　休職期間が満了しても復職することができず、やむなく退職するような場合も、社会保険加入期間が1年あれば1年6か月に達するまで継続して支給を受けることができます。退職後も所得保障があることを説明すれば、より納得を得やすくなるはずです。
　従業員が休職する際は、こういった制度があることも頭に入れておきましょう。

事例53

会社の都合でパートタイマーを休業させた

　皮膚科の診療所経営をしています。先月、クリニック増改築により、2週間ほど診療を休むことになりました。月給者にはそのまま給与を支払い、パートタイマーは時給なのでとくに給与を支払いませんでした。すると、パートタイマーの一人から手当はないのかと聞かれました。「会社の都合で休むことになったのだから、手当を支払ってもいいはずだ」と主張しています。

失敗のポイント ✕

時給計算のパートタイマーは、働いた時間分だけ賃金を支払えばいいと勘違いしていました。事業所の増改築で従業員を休ませたのですから、使用者の都合による休業です。その間、従業員は働きたくても働くことができません。この場合、正社員もパートタイマーも同様に平均賃金の60％を休業手当として支払う義務があります。

正しい対応

正社員には100％の賃金を支払っていますので問題ありませんが、パートタイマーについても、就労するはずだった2週間の休業について平均賃金の60％以上の休業手当を支払います。

[解説]

休業とは、従業員の働く意思と能力があるにもかかわらず、使用者の都合によって働くことができない状態を指します。労働基準法では、使用者の都合による休業について、平均賃金の60％以上の手当を支払わなけれ

ばならないと定められています(労基法26条)。これは正社員であろうとパートタイマーであろうと同じです。時給者だから関係ないわけではないのです。

そもそも、パートタイム労働者であっても、事前に労働日ごとの労働時間が特定されていることが原則です。そのときどきで労働時間が変わってしまえば、生活を設計することができません。たとえば「Aさんは月・水・金の10時から17時まで」「Bさんは火・土の13時から20時まで」というように労働時間を決めているはずです。会社側の都合で休業することになった場合、それぞれ予定していた就労日に就労できなくなったのですから、補償をしてあげなければ生活が不安定になってしまいます。

平均賃金は、算定事由発生日以前3ヶ月間(賃金締切日がある場合は直前の賃金締切日から3ヶ月)に、その従業員に支払われた賃金の総額を、その期間の総日数で割って計算します。

パートタイマーなど労働日数が少ない場合は、この計算だと少額になりすぎることがあるので、最低保障額があります。原則の計算式で算出した額と比較して、どちらか高いほうを平均賃金として使います。

最低保障額＝(算定期間中の賃金の総額)÷(算定期間中に実際に労働した日数)×60/100

このようにして計算した平均賃金の60％以上を休業手当として支払うことになります。

事例54 インフルエンザにかかった従業員の就業禁止

　ソフトウェア開発会社の人事担当をしています。先日、従業員Hが季節性インフルエンザにかかったとのことで本人から電話がありました。当社は非常に忙しい時期であり、他の従業員に感染しては大変です。5日間の自宅待機を命じました。

　ネットで少し調べてみたところ、法律では「病者の就業禁止」といって、伝染病にかかった者の就業を禁止する義務があり、その間の賃金は支払わなくていいようです。ですので、Hが自宅待機をしている5日間については賃金を支払いませんでした。すると、Hは「3日程度で治ったのに、出社させてもらえなかった」と抗議してきました。

失敗のポイント ❌

　季節性インフルエンザは、労働安全衛生法上の就業禁止に該当しません。会社が独自に自宅待機を命じた場合には、賃金（休業手当）を支払う必要があります。とは言え、実際に他の従業員に感染するおそれがありますし心身ともに健康な状態で労務が提供できないのであれば、就業規則に基づいて就業を禁止することは可能です。

正しい対応

　今回のケースでは、Ｈさんが会社を休んだ５日間のうち、インフルエンザによって労務提供ができない３日間については賃金を支払う必要はありませんが、通常の労務提供ができる状態に回復している２日間については休業手当を支払う必要があるでしょう。

[解説]

　労働安全衛生法第68条には、「病者の就業禁止」という条文があります。病毒伝ぱのおそれのある伝染病にかかった者については就業を禁止しなければならない、というものです。この「就業を禁止すべき伝染病」は、感染症法における感染症は該当せず、感染症法の規定に委ねられることが行政通達で示されています（昭24.2.10基発第158号、昭33.2.13基発第90号）。インフルエンザは感染症に規定されていますので、労働安全衛生法上の就業禁止は適用されないことになります。つまり、原則として就業制限の措置がとられることはありません。

　ただし、「新型インフルエンザ」の場合は、感染症法の規定により就業制限の措置をとることができるとされています。国は「新型インフルエンザ対策行動計画」で、新型インフルエンザ患者やその疑いがある者には状況に合わせて入院勧告や就業制限を行うこととしています。新型インフルエンザの感染者や感染の疑いのある従業員を自宅待機させた場合には、法令に基づく休業であって会社の都合で休ませるわけではありませんから、休業手当の支払いは不要です。

　従業員の家族等周囲の人が新型インフルエンザに感染している、または感染のおそれがある場合に就業制限をするには、原則として平均賃金の60％以上の休業手当が必要になります。こうした場合も、従業員からは速やかに報告をさせ、対策を講じるようにしたいものです。事業所内で新型インフルエンザが蔓延することになれば、事業の継続が難しくなるかもしれません。就業規則には、報告を義務付ける規定を入れておきましょう。

　さて、今回のケースでHさんが季節性インフルエンザにかかり、会社は就業を禁止しました。一般的に、従来のインフルエンザで従業員を自宅待

機させる場合は休業手当が必要です。しかし、実際に心身が健康な状態でなく、労働契約の本旨に従った労務提供ができないのであれば、就業規則に基づいて就業を禁止することは可能です。この場合は従業員側の都合によって通常の労務提供ができない状態になったのですから、その間の休業手当を支払う必要はありません。しかし、通常の労務提供ができるくらいまで回復してもなお自宅待機を命じる場合は、会社の都合とみなされて休業手当が必要になります。

　いずれにしても、会社は従業員の安全に配慮する義務がありますから、従業員の健康管理にはルールを定めて就業規則に明記しておくことが重要です。

規定例

第○条　（病者の就業禁止）

1. 会社は、従業員が次の各号の一に該当するときには、その就業を禁止する。

    1) 従業員本人および同居の家族または同居人が法定伝染病を罹患したとき
    2) 心臓、腎臓、肺等の疾病で労働のため、病勢が著しく増悪するおそれがあるとき
    3) 精神障害のために自身を傷つけ、または他人に害を及ぼすおそれがあるとき
    4) その他、心身の状態が悪く、就業が困難と認められるとき

2. 前項の規定にかかわらず、会社は、従業員の心身の状況が業務に適しないと判断した場合はその就業を禁止することがある。

3. 従業員は、同居の家族および同居人、または近隣住民が感染症法に定める疾病にかかったとき、またはその疑いがあるときは直ちに会社に届け出て必要な指示を受けなければならない。

事例 55

休職か解雇か

　金融系の会社で人事をしている者です。勤続6年の従業員で、私傷病で後遺症が残ってしまったRという者がいます。3か月欠勤していたのですが、主治医から将来にわたって労務不能との診断が出され、就業規則に基づいて普通解雇しました。平均賃金30日分の解雇予告手当も支払いました。

　ところが数日後、Rの家族がやってきて「解雇ではなく休職であるはずなので、解雇を取り消してほしい」と言います。当社の就業規則には、次のようにあります。

　第〇条　（休職）
　　会社は、従業員が次の各号の一に該当するときには、休職を命じる。
　1）業務外の傷病により、欠勤が3か月
　　　以上続いたとき

> 第〇条　（解雇）
> 　会社は、従業員が次の各号の一に該当するときには、解雇することがある。
> 　1）精神または身体の障害により、業務に耐えられないと認められるとき

　また、勤続5年以上の者は休職期間の上限を2年としており、Rはこれにあてはまるので、2年間は休職になるはずだというのです。Rの家族の言うとおり、2年間休職させたのちに退職というかたちをとらざるをえないのでしょうか。

失敗のポイント ✕

　就業規則の文末表現で誤解を与えてしまったようです。「休職を命じる」という規定を見ると、会社は休職事由に該当した従業員を休職させなければならないように読めます。Rさんのご家族は、「会社は休職させる義務がある」と考えているのです。

> **正しい対応**
>
> 復職の見込みがない従業員を休職させる義務はありません。こうしたトラブルを招かないように、就業規則の表現を「会社の判断により、休職を命じることがある」としておきましょう。

[解説]

　従業員の私傷病によって労働契約に基づく労務の提供が難しくなった場合、直ちに解雇するのではなく、解雇権行使を一定期間猶予して傷病の回復に期すのが休職制度です。就業規則で定めた休職期間が満了しても復職できない場合は、解雇または自然退職となります。

　休職制度を設けているのであれば、休職を適用する前に解雇することは一般的には解雇権の濫用とみなされます。しかし、休職を命じるのは、一時的に就労を免除して、復職を見込むからであって、復職の見込みがない場合にも休職させなければならないわけではありません。

　裁判例では、休職制度があるにもかかわらず、休職前に解雇した件について「明白に休職期間満了後も就労不能と認められることから、休職を命じなかったからといって、解雇が労使間の信義則に違反し、社会通念上、客観的に合理性を欠くものとして解雇権の濫用になるとはいえない」と判断しています（岡田運送事件　平成14.4.24　東京地裁）。休職期間が経過しても、客観的に復職が不可能なケースは休職を適用せずに解雇しても、

解雇権の濫用にはならないということです。

　今回のケースでは、将来にわたって労務不能という医師の診断が出ていることから、休職を適用する前に解雇しても解雇権の濫用にはあたらないでしょう。休職制度は、欠勤期間中解雇されない利益を従業員に保障しているものではないのです。

　就業規則の表現が「休職を命じる」となっており、誤解を与えてしまったことがトラブルの元になっているようですので、「会社の判断により、休職を命じることがある」といった表現にしておくのがよいでしょう。（休職に関する規定例→事例19）

参考文献

- 『ケーススタディ労務相談事例集1』、
  社団法人 全国労働基準関係団体連合会、労働調査会出版局（編）

- 『ケーススタディ労務相談事例集2』、
  社団法人 全国労働基準関係団体連合会、労働調査会出版局（編）

- 『ケーススタディ労務相談事例集3』、
  社団法人 全国労働基準関係団体連合会、労働調査会出版局（編）

- 『御社の就業規則この35カ所が危ない！』、中経出版、佐藤広一（著）

- 『嫌われ上司になっても部下に教えたいルール』、中経出版、下田直人（著）

- 『トラブルにならない社員の正しい辞めさせ方給料の下げ方』、
  日本実業出版社、井寄奈美（著）

- 『今すぐ売上・利益を上げる、上手な人の採り方・辞めさせ方』、
  クロスメディア・パブリッシング、内海正人（著）

- 『労務管理における労働法上のグレーゾーンとその対応』、日本法令、野口大（著）

- 『会社と上手に渡り合う！ 労使トラブルの実践的解決法ケース別83』、
  三修社、千葉博（著）

- 『最新　知りたいことがパッと分かる就業規則の落とし穴がわかる本』、ソーテック社、
  伊藤康浩（著）

- 『労務管理のことならこの1冊』、自由国民社、高橋幸子（著）

- 『キチンとできる！　会社の就業規則の作り方』、TAC出版、山田順一朗（著）

辻・本郷税理士法人

　平成14年4月設立。東京新宿に本部を置き、青森、八戸、盛岡、秋田、仙台、上越、館林、吉祥寺、横浜、小田原、伊東、名古屋、大阪、京都、福岡、大分、沖縄に支部がある。全体のスタッフ数は500名（関連グループ会社を含む）。うち公認会計士・税理士が170名（試験合格者を含む）。税務コンサルティング、相続、事業承継、M&A、企業再生、医療、公益法人、移転価格、国際税務など各税務分野別に専門特化したプロ集団。弁護士、不動産鑑定士、司法書士との連携により顧客の立場に立ったワンストップサービスとあらゆるニーズに応える総合力に定評がある。

〒163-0631　東京都新宿区西新宿1丁目25番1号　新宿センタービル31階
電話　03-5323-3301　FAX　03-5323-3302
URL　http://www.ht-tax.or.jp/

〈編著〉
辻・本郷税理士法人　HR室

平成14年4月1日　辻・本郷税理士法人設立
　お客様サービスの一環として、東京新宿本部にてアウトソーシング事業をスタート。支部展開が進むに伴い、お客様の立場に立ったワンストップサービスとあらゆるニーズに応えるため、辻・本郷税理士法人　HR室（Human Resources Service）を立ち上げ、「人事関連サービス業務」を開始。
　社会保険労務士法人CSHRと連携し、人事制度（賃金制度・退職金制度・評価制度）構築及び作成、それに伴うシミュレーション等のコンサルティング業務、会社における様々な労務相談、社会保険届出業務、給与計算業務等、お客様の立場に立ったサービスを行う。
　辻・本郷税理士法人の税理士・公認会計士との共同作業で会社経営全般の総合コンサルティングとしての実績に定評がある。

〒163-0631　東京都新宿区西新宿1丁目25番1号　新宿センタービル31階
電話　03-5323-3792

〈執筆協力者〉
高橋紀行（HR室・社労士）
細田真奈美（HR室・社労士）
小林慶子（HR室）
井上彰（HR室）
桑原孝浩（社労士法人CSHR・社労士）
古田敏明（社労士法人CSHR・社労士）
佐藤真知子（HR室室長）

社労士が見つけた！
本当は怖い解雇・退職・休職実務の失敗事例55

2012年3月28日　初版第1刷発行
2014年1月22日　初版第2刷発行

編著	辻・本郷税理士法人 HR室
編集協力	小川晶子（株式会社さむらいコピーライティング）
発行者	鏡渕 敬
発行所	株式会社 東峰書房
	〒102-0074 東京都千代田区九段南4-2-12
	電話 03-3261-3136　FAX 03-3261-3185
	http://tohoshobo.jp/
装幀・デザイン	小谷中一愛
印刷・製本	㈱シナノパブリッシングプレス

©Hongo Tsuji Tax & Consulting 2014　ISBN978-4-88592-136-0　C0034